新营销+新媒体系列

Network Integrated Marketing

全网整合营销

策划、推广、转化、二次成交的营销实战全案

刘勇为（网络营销操盘手）◎著

中国经济出版社
CHINA ECONOMIC PUBLISHING HOUSE
北京

图书在版编目（CIP）数据

全网整合营销：策划、推广、转化、二次成交的营销实战全案/刘勇为著．—北京：中国经济出版社，2019.1（2021.7 重印）

ISBN 978-7-5136-5298-8

Ⅰ．①全… Ⅱ．①刘… Ⅲ．①网络营销 Ⅳ．①F713.365.2

中国版本图书馆 CIP 数据核字（2018）第 176863 号

责任编辑　牛慧珍
责任印制　马小宾
封面设计　久品轩工作室

出版发行　中国经济出版社
印 刷 者　北京九州迅驰传媒文化有限公司
经 销 者　各地新华书店
开　　本　710mm×1000mm　1/16
印　　张　16
字　　数　210 千字
版　　次　2019 年 1 月第 1 版
印　　次　2021 年 7 月第 5 次
定　　价　58.00 元
广告经营许可证　京西工商广字第 8179 号

中国经济出版社　**网址** www.economyph.com　**社址** 北京市东城区安定门外大街 58 号　**邮编** 100011

前言

我做网络营销已经有18年的时间了。在这18年里，我遇到过无数个企业老板，并且和其中的很多人成为朋友。如今，我是一个企业的老板，身份改变了，感受也就改变了。在自己成为企业老板，经常和周围的老板朋友们交流沟通之后，我发现中国企业的老板活得都非常难。

中国老板活得难的根本原因就在于销售。对企业来说，销售模式大致分为线上销售和线下销售。但是随着互联网的不断发展，传统的线下销售模式已经失去了作用，所以无数企业都开始转型做互联网，开始线上销售。然而网络营销的竞争也很激烈，并且技术含量非常高。因此，很多转型互联网的企业花了大笔的钱，但是却没有什么效果。

企业转型互联网是大未来。中国有近3000万家中小型企业，可以说90%以上的企业都要转型做全网整合营销（以下简称全网营销）。并且不仅是中国，如今电商正在向国际化发展。在我们的合作客户当中，就有做跨境电商的企业。在这90%的企业中，至少有80%不知道如何转型。想做，不会做，但是却不得不做，这就是现状。

全网营销这个行业，是最近六七年才兴起的，也是一个新兴行业，目前这个行业正处于快速发展的风口，现在已经进入最好的阶段。原始积累已经完成，等待的是下一步的爆发。

做互联网营销最需要的就是效果，一切不以效果为目标的网络营销都是忽悠。在网络营销中，我们需要重视的不是网络，而是营销。网络只是一个工具，营销才是核心。做网络营销，只有落地，才有效果，只有落地，我们才能获得想要的。

本书内容是我18年营销经验的总结，涵盖了企业做网络营销最重要的四个环节——策划、推广、转化、二次成交。策划是全网营销的前提，产品、服务、客户、营销方式等都是策划的对象，最终目的是找到全网营销的方向。推广是全网营销的手段，与网络工具结合得最为紧密，涉及付费推广、免费推广、泛娱乐化营销三个方面的技巧。转化是全网营销的目标，为了实现这个目标，企业需要掌握两个阶段的营销技巧：将流量转化为咨询，将咨询转化为成交，最终将你的品牌精准植入客户大脑。其中，最关键的环节就是PC网站的优化和移动网站的建设。二次成交是全网营销的效果。通过前面三个阶段的营销实战，最终企业获得了客户，但这些客户的价值还未最大化开发。只有通过二销系统（微信营销）才能促进客户的裂变，得到更多的客户。

企业通过以上四个系统的持续操作，就能真正获得全网营销的效果。希望本书能为企业带来实实在在的帮助，帮助营销同仁更好地在网络营销领域取得成效。

目录

思考篇　为什么做不好全网营销

实战篇 构建全网营销的四大系统

第3章 策划系统：如何找对企业营销的方向

第6章 二销系统：如何让客户二次成交

思考篇

为什么做不好全网营销

第 1 章　为什么大多数企业做不好全网营销

1.1　所有企业都适合做全网营销

◎ 生死二选一：企业是打劫别人还是被打劫

一个钓鱼鱼塘经营多年，生意做得很不错。但是后来在它旁边又开了一个新鱼塘，于是旧鱼塘的生意便一落千丈。因为新鱼塘钓鱼的费用是一次 100 元，而且老板承诺：钓上来的鱼可以免费带走，如果没有钓上鱼，那么走的时候也可以带走一只鸡。这就吸引了很多人来这里钓鱼。一段时间之后，一个来新鱼塘的顾客发现自己基本钓不上鱼，每次都是花 100 块钱带走一只鸡，于是他就去询问新鱼塘的门卫只是自己钓不到鱼还是所有人都钓不到。

新鱼塘的门卫告诉他："这个鱼塘里根本就没有鱼，鱼塘的老板原来是卖鸡的，因为生意不好做，就想到了这个方法，以 100 块钱的价格卖一只鸡，原来卖不掉的鸡现在基本都卖完了。”

这个故事讲的其实就是跨界打劫，新鱼塘的老板原来是卖鸡的，现在跨界来到鱼塘行业，虽然同样是卖鸡，但是却对旁边的旧鱼塘形成了非常大的威胁。在现实当中，这样的例子也非常多，最典型的就是“滴滴打车”，它就是跨界打劫。因为滴滴打车本身只是一个平台，却对出租车行业造成了严重威胁。

由此可见，现在的企业如果不学会跨界打劫他人，那就会有人来跨界打劫自己。很多企业感觉自己现在的生意做得非常不错，但是在如今这个变化迅速的时代，现在生意做得不错不代表以后会一直不错。所以，对于现在的传统企业，如果不及时转型做互联网，未来就会有越来越多的竞争对手，也会有越来越多的企业对其进行跨界打劫。

寻找方向

在现在的情况下，很多企业都有一种感觉：对现状看不懂，对未来摸不透。企业要在危机中寻找机会，但是机会在何方，值得所有企业深思。

我们说“互联网”“向互联网转型”已经四五年了，也有很多企业为此付出了实际行动：做企业网站、买竞价排名、进驻第三方平台商城，前几年微商兴起，企业又赶紧做微商，天天在朋友圈里招代理，真是忙得不亦乐乎。

但是有多少钱就这么打水漂了？

之前企业的互联网化，基本就是找外包给自己的企业做个网站，并且网站基本都是对模板的套用，然后毫无计划地花钱做付费推广。

在今天看来，这种互联网化的举措无疑是非常浅薄和片面的。我们终于发现，互联网化，或者说全网化的营销，并没有自己想象中的那么简单，至少不是做个网站、搞个竞价排名、在朋友圈里卖卖东西就能成功的。

未来不管什么走向，企业的全网营销道路都是必须要走的，而全网营销归根究底，仍然要回归互联网化的两个基本渠道：基于 PC 端的营销和基于移动端的营销。所以，未来企业的全网营销需要围绕三网建设来展开，围绕付费推广和免费推广来发展。

而企业在做全网营销时，必须要有一个正确的认识：全网营销远比大多数企业所认识的要深奥和艰难，这是一个需要持续付出、建设和优化的系统化工程。

◎ 思维突破：为什么说所有企业都适合做全网营销

现在的企业无论是否做过网络营销，都应该对这个词不陌生。网络营销已经深入我们的生活，无时无刻影响着我们。

不过，对于网络营销，不同企业的老板有着不同的看法。对于服装、食品、酒水等快消品行业，这些行业的老板大多认可网络营销，而对于一些非快消品行业，如工业品行业，这些行业的老板大多对网络营销持怀疑的态度。那么网络营销是否真的对行业具有选择性呢？下面用一个案例来说明这个问题。

图 1－1 为我在山东淄博的一个客户的产品，叫作压力容器。这种产品是应用在工业上的特种产品，没有标准型号，都需要定制，并且单价较高，一个都在几十万元。

我在上课的时候曾将这幅图拿出来，让学员们观看，分析做这种产品的企业是否适合做网络营销。结果多数学员都认为生产这种产品的企业不适合做网络营销，原因包括：产品属于特种行业产品，没有标准产品，并且单价较高。实际上，在和山东淄博客户初次见面的时候，客户也是类似的看法。

图1-1 工业特种品压力容器

我和客户初次见面时，客户先介绍了自己的产品，然后问我："刘总，你觉得我的产品适合做网络营销吗?"

对于这个问题我没有直接回答，而是反问他一个问题："你认为自己的产品适不适合?"

客户回答说："我认为可能不太合适，因为我的产品是特种行业需求的产品，需要定制，并且单价太高。"

我连续问了他几个问题："这个产品在超市有销售吗?""在商场有销售吗?""在建材城有销售吗?""在路边门市有卖的吗?"对这几个问题，客户都给出了否定的答案。

听到答案后我继续提问："这些地方都没有，那么如果你的客户需要这种产品，要去哪里寻找呢? 只能是通过网络。而且你认为自己的产品不适合做网络营销的想法在很多传统企业中是非常具有普遍性的，很可能你的竞争对手也是这种想法。"

客户说："的确如此，我的很多同行确实和我的想法一样，认为这种产品不适合做网络营销，一些同行甚至连网站都没有。"

到这里，"产品适不适合做网络营销"这个问题的答案就变得清晰起来：客户的产品很专业，生产的厂家也不是很多，因此想要购买这种产品的人很多都会从网络上寻找，而大多数同行都缺乏网络营销的意识，他们没有做网络营销，这就是一个机会。也就说明，客户的这种产品是非常适合做网络营销的。

所以，即使是压力容器这样专业性强、单价较高、必须定制、客户类型单一的工业产品和快消品一样，同样适合做网络营销。

这里需要重点说明一个误区，正是这个误区让很多企业认为自己的产品并不适合网络营销，这个误区就是网络营销不等于在线成交，网络营销不等于在线零售，网络营销更多的是线上营销，线下成交。因此，只要企业的客户用手机和电脑，那么这个企业的产品就适合做网络营销。

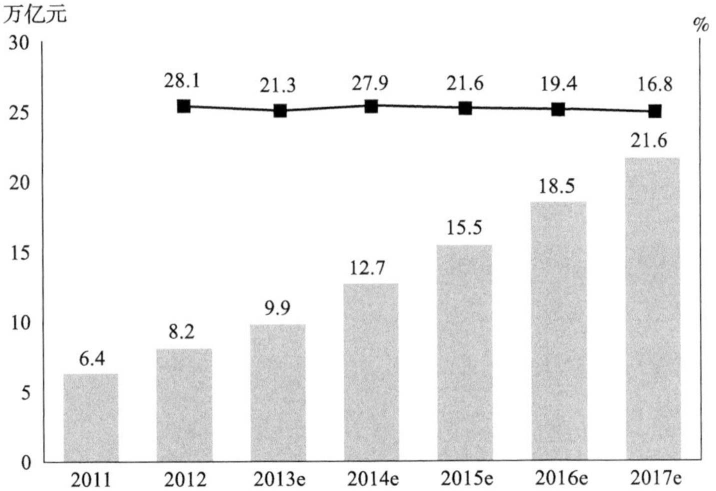

资料来源：综合企业财报及专家访谈，根据艾瑞统计模型核算。

图1－2　2011—2017年中国电子商务市场交易规模

图1－2所示为2011—2017年中国电子商务市场交易规模。从2011年的6.4万亿元，增至2016年的18.5万亿元，电子商务规模逐年增长。而在2016年的18.5万亿元当中，通过在线成交的只占到23%，有77%都不

是通过在线成交完成的。从这些数据中我们可以得到两个结论：①电商的规模是在不断增长的；②电子商务只有一小部分通过线上成交，大部分都是通过线下成交的。而这两个结论也说明了很多传统企业老板认为电商已经饱和，或者因为其产品无法通过线上成交而认为产品不适合电商的看法是错误的。

所以，企业想要做网络营销，首先要从改变思维开始。如果企业老板认为自己的产品不适合做网络营销就不去做，那么该企业自然不会有好的结果。

◎ 鱼竿和鱼：只有不停思变，企业才有未来

企业做网络营销，除了需要企业老板改变对网络营销的错误看法，还需要打破传统思维，只有这样才能够让企业真正做好网络营销。

我在课堂上曾经问过学生这样一个问题：在你们面前摆放了一大筐鱼和一根鱼竿，只能二选一，你们选哪个？

这个问题很多人都应该听过，它对应了一句古语，“授人以鱼不如授人以渔”。所以，在我提出这个问题之后，绝大多数学员都会选择鱼竿，而这就是传统思维在影响我们思考。

那么究竟什么是传统思维呢？举个最简单的例子：一个人在马路旁边建设了一个加油站，生意非常好，其他人看到之后，也在周围建加油站，这就是传统思维或者惯性思维在起作用。别人做加油站生意做得非常好，那我也做。结果就是这个地方的加油站越来越多，最后所有加油站都运营艰难。

而一个突破传统思维的人看到在路边有一家生意非常好的加油站，他首先想到的是在加油站旁边可以开一个超市，也可以开一个洗车店，又或者开一个餐厅。在这种思维作用下，最后无论是加油站还是超市、洗车

店、餐厅，都有生意可以做。

如果是我面对这样的选择，我会直接选择一大筐鱼。原因很简单，我拿到一大筐鱼可以去卖掉，卖掉之后就能换更多的鱼竿，而不仅仅是一根。

在我说出自己的选择后，我接着问学员："如果你们拥有了一堆鱼竿，你们会怎么做？"

学员给出的答案五花八门，有的说自己雇人去钓鱼；有的说将鱼竿租出去，自己收租金；还有的说将鱼竿加价卖掉等，这些答案依然受到了传统思维的影响。

如果我拿到了很多鱼竿会选择直接送给那些会钓鱼的人，告诉他们："我免费送你们鱼竿，你们只需要每钓上10条鱼分我1条就可以。"这样一来，我什么都不需要做，就会源源不断地获得鱼。

当我将这些鱼卖出去之后，手里就会有一笔资金，接下来又要面对一个问题：我拿这些资金做什么？

这个问题我同样先让学员回答，学员们这次的回答比较统一，大多数人都回答用这笔资金去购买更多的鱼竿，送给更多的人，这个答案其实还是传统思维在发挥作用。在传统思维中，企业经营状况不错，资金充足，就应该将资金投入到扩大规模上，但很多时候这并不是一种好的做法，最典型的例子就是传统零售企业。

在过去传统零售爆发的时代，基本上开一个门店就可以赚钱，因此众多零售企业开始疯狂地扩张，盲目增加门店的数量。在零售企业老板看来这就像是一道简单的数学题：假如一个门店一年能赚100万元，那么只要开设100家门店，自己一年的利润就是1亿元。但是随着零售业的发展速度逐渐放缓以及电商的出现，零售企业过多的门店不但没能赚到钱，反而成了企业的负担，这就是最近几年零售行业"闭店潮"的根本原因。

所以，比起用资金继续买鱼竿，我还有很多其他更好的选择。例如，可以用这些钱建一个麻将馆，让钓鱼的人在不想钓鱼的时候还可以打麻将，而我则能够以不同的方式在同一批客户身上赚取更多的钱，从而降低自己的获客成本，实现利润最大化。

“观望”是如今企业最大的危险

在互联网大潮中企业最大的风险就是观望。因为你的企业可以观望，但是你的竞争对手不会观望。很多企业面对互联网总是抱着等一等、看一看的态度，于是机会就这样在眼前溜走了。

先知先觉的是引领者，后知后觉的是跟随者，不知不觉的是淘汰者。例如，10 年前做百度推广，只需花很少的钱就可以收到非常不错的效果；5 年前做天猫，只要开了店生意就不会差；4 年前做微商，只需在朋友圈里随便发发产品，就有生意上门。但是现在再去做这些事情呢？

现在做百度，没有专业团队，花再多的钱也不一定有效果；现在做天猫，流量和资源都已经被早期入行的大商家控制，现在入行只能在夹缝中求生存；现在做微商，在朋友圈里刷几次产品就被别人屏蔽了。

所以，做任何事情一定要抢占先机。而对于传统企业转型互联网，先机早已经没有了，现在立刻转型还可以赶上末班车，是后知后觉的跟随者。但是如果企业现在还在观望，还无法做决定，那只能成为不知不觉的淘汰者。

有一句电影台词是“天下武功，唯快不破”。这句话我非常认可，同时也认为非常适用于互联网行业。对传统企业来说，在互联网行业市场格局还没有形成之前，唯一要做的事情就是进入互联网，形成行业市场格局。

很多人都评价现在的互联网行业是大鱼吃小鱼的时代，其实这句话并不完全对。因为大鱼之所以成为大鱼，很大一部分原因是比其他企业更快进入互联网。所以，互联网时代其实是快鱼吃慢鱼的时代。所以传统企业如果让竞争对手在互联网上形成自己的市场格局，那就只能眼睁睁地看着自己被市场所淘汰。

这个道理即使放在现在的互联网巨头身上也同样适用。阿里巴巴在微信崛起之后也发布了自己的社交产品“来往”，几年时间烧了十几亿，但是现在很多人却连听都没有听过；腾讯在淘宝平台崛起之后也打造了一个 C2C 平台——“拍拍网”，这个平台先是被京东收购，然后在 2015 年底也关闭了。

◎ 直面挑战：全网营销道路上企业要面临的三个挑战

我曾经对上百家开始做网络营销的中小型传统企业做过研究，研究的结果让我非常惊讶。在我研究的企业中，多数企业虽然都在网络营销上有了大笔投入，但是其中 80% 的企业还是主要依靠过去的传统营销途径获取订单，网络营销在这些企业中更像是一个烧钱的摆设。一些企业花费巨资建设网站做网络推广，但是真正从这条渠道成交的订单少之又少，很多企业甚至连推广费都赚不回来。

是互联网媒体不适合这些传统企业吗？当然不是。我见过很多做互联网营销没有效果的企业，但是同时也见过更多通过互联网成功转型的传统企业。两者的区别在哪里呢？我思考过这个问题，最终得出一个结论：对网络营销的认识。

很多传统企业老板对网络营销的认识就是建设一个网站，然后花钱推广，就这么简单，但实际上网络营销远没有这些人想象的那么简单。网络营销不是依靠一个模板型或者设计型的网站就可以取得成效的，也不是依靠简单的拿钱做推广就可以将企业品牌传播出去。网络营销涉及很多环节，每一个环节出现问题都会造成最后无法成交，而非仅仅花钱就可以做好。

我们换一个角度思考，也正是因为不是花钱就能做好才让无数中小企业有了希望和机会，否则如果网络营销只是花钱，那么大企业只用钱就能够垄断市场，这对中小企业也是不公平的。

不同类型的企业，都要走自己的全网营销之道，大道都是一样的，但是走法却各不相同。

在这条路上，企业要面临的挑战是：

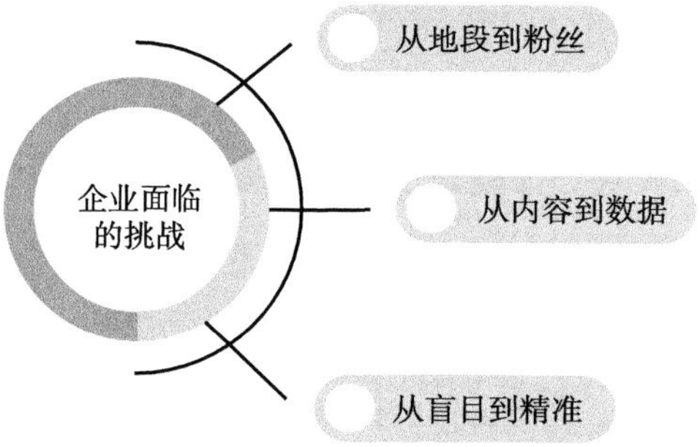

图 1-3 全网营销企业面临的挑战

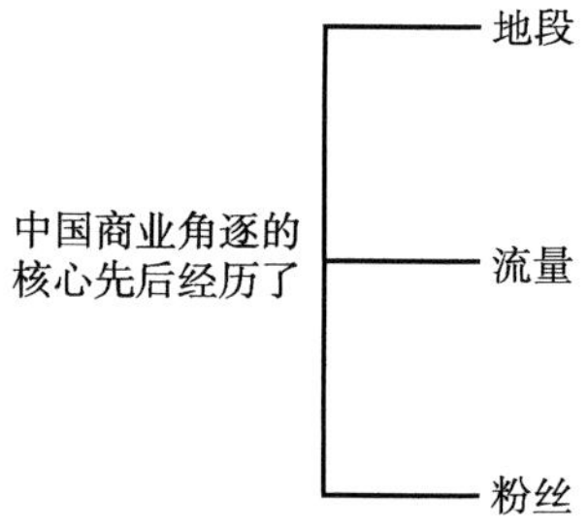

图 1-4 中国商业角逐的核心历程

从争夺地段到争夺粉丝

对于传统的零售企业和百货企业来说，竞争的核心就是地段，对于传统互联网企业来说，竞争的核心就是流量，而对现在流行的自媒体企业来说，竞争的核心则是粉丝。而未来是“影响力”和“号召力”之争，“核心粉丝”的瞬间联动是未来商业的“引力波”。

钻石小鸟是一家成立于2014年的互联网的珠宝电商企业，总部建立在成都。从名字上看，显然这是一家主要经营钻石的珠宝企业，并没有什么特别之处。不过和传统珠宝企业相比，钻石小鸟的最大不同就是它将粉丝看作自己竞争力的核心，一切都以粉丝为主。在这种定位下，钻石小鸟将粉丝经济的作用发挥得淋漓尽致。

在传统珠宝企业看来，开设珠宝门店最为关键的就是地段，而在这方面，钻石小鸟就显示出了非常大的不同。钻石小鸟的所有体验店全都开设在写字楼里，这对传统珠宝企业来说，是完全无法理解的。不过钻石小鸟用自己的业绩证明了选择的正确性，如今钻石小鸟的年营业额已达几十亿。

体验店地段非常不好，却能做出让人惊叹的营业额，这是因为钻石小鸟的绝大部分客户都来源于网络，并且钻石小鸟明确自己的客户群体就是年轻人，然后针对年轻人的特点，为他们量身打造了数个社群，让自己立足于粉丝经济。

钻石小鸟在线上建立了数个社群，不同社群的主题也各不相同，其中包括美食、旅游、宠物、运动、化妆等。不同社群有自己独特的文化和规则，同时钻石小鸟还经常组织社群粉丝参加线下活动。

通过对社群的运营，钻石小鸟不但增加了品牌的粉丝数量，提高了粉丝的黏性，同时也让钻石小鸟的品牌得到了推广和传播，这也是钻石小鸟粉丝经济获得成功的重要原因。

从内容为王到数据为王

在过去几年，内容营销可以说是网络营销人员百试百灵的法宝，内容营销在过去也取得了很好的效果。

过去是我们提供什么，用户就接收什么。现在演变成了大多数用户喜欢什么，我们就制造什么。如何让用户喜闻乐见我们营销的内容很重要。

但是未来，我们会做到，根据用户的地理位置、基础信息、访问历史和浏览位置，精准地制造信息，精准地投放广告。

我们会精准地捕捉到用户的需求，然后把他最想要的东西送到他面前，这就是大数据的力量。未来大数据将在营销中扮演决定性角色。

从盲目砸钱到精准投入

过去很多企业家在网络营销上没少花钱，以至于很多企业家一提网络营销就说“烧钱”，认为网络营销的本质就是忽悠。

当企业完全不懂全网营销时，所做的努力就是跟风：别人做什么我们也做什么，别人在哪花钱，我也在哪花钱。花钱买排名，花钱做网站，花钱做淘宝等，最后没有效果，就认为是网络营销不行，其实是钱花得不对。

例如，企业网站可以说是全网营销的核心关键，但是大多数企业的网站是什么样的呢？非常简单，非常枯燥，毫无内容，也没有任何功能性。然而企业老板却非常乐意在这上面花钱，我见过从花几万元到几十万元的都有，但是效果却是一样的，就是没有效果。并且企业老板大都认为网站做好了就没有事情了，不再进行投入和维护。

这样的网站做出来，就算有用户能进入网站，它也起不到任何营销作用。

全网营销是一个系统化工程，无论过去企业的互联网化做得怎么样，企业要走全网营销道路，仍然要投入资金。但是在花钱的同时，企业要知道每一笔钱的分配和去向，要让每一笔钱都花得有价值，要能看到回报，就是企业需要钻研的问题，也是我写作这本书的诉求。

◎ 案例：年营业额从40万元到1300万元的农家院

我有一个客户是做农家院生意的，他的农家院在北京海淀上庄水库，地理位置比较偏，北京的朋友应该都知道。

这个客户的农家院走得就是传统农家院路线，基本每年只营业半年，并且集中在周六日或者节假日期间，利润来源则主要依靠农家菜。从这些情况上来看，可以知道这个农家院经营的中规中矩，毫无特色可言，而它的位置也不在风景区内，所以经营的情况非常不好，每年营业额仅在四五十万元，除去成本，利润就所剩无几。在经营一段时间之后，这个农家院老板感觉快经营不下去了，于是通过朋友找到了我，想要做网络营销，于是就成了我的客户。

在了解了这个农家院的具体情况后，我发现这个农家院的定位就存在问题，所以先对其进行定位策划。

首先，我去掉了传统农家院利润的主要来源“农家菜”，改为户外自助烧烤，单人定价为75元。做出这一改变主要有三个原因：

（1）户外自助烧烤成本较低，涉及经营环节较少；

（2）如今城市环保查得非常严，城市户外烧烤已经禁止，这就有了需求；

（3）定价较低，有足够的竞争力和吸引力。

其次，改变农家院的目标客户群体。将过去主要针对散客改变为主要针对公司团体，并且在农家院专门招聘了户外拓展教练，免费为公司提供户外拓展训练服务。

最后，针对传统农家院一年时间只能经营半年的问题，专门建设了一个小型滑雪场。

根据农家院的重新定位，在网络营销推广上，也有针对性地做出了调整。一方面，做搜索引擎的推广；另一方面，做团购网站的推广，这两条途径都是公司寻找户外拓展的主要方式。

经过重新定位以及有针对性的网络推广，去年这个农家院的年营业额已经达到了 1300 万元，预计今年还能有所增长。图 1－5 就是 10 月该农家院在美团网站上的销量，从图中我们可以看到该农家院在一个团购平台的月营业额就已经达到了 80 万元。

图 1－5　农家院的美团截图

1.2 为什么大多数企业做不好全网营销

◎ 缺乏系统化运作

很多企业在线下做得很好，规模也很大，年销售额做到几个亿，但是这样的企业不一定玩得转全网营销，有的在线上的销售额不过一年几十万元，甚至还没有投入的资金多。

造成这样的结果很多时候就是因为缺乏系统化运作。

企业做营销，有三个投入成本。

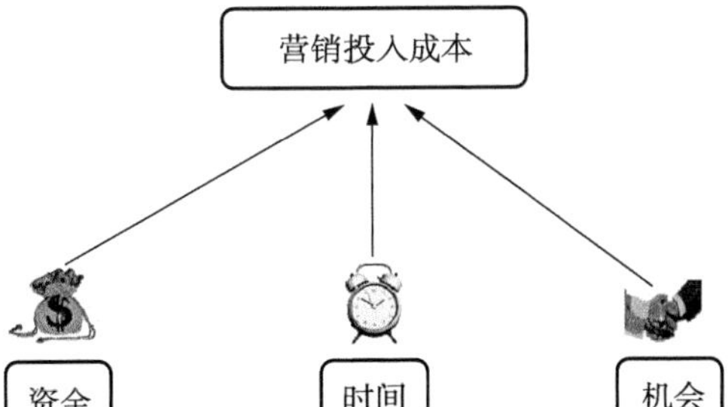

图1－6 营销投入成本

资金成本

在全网营销上，大家都在花钱，那么如何聪明地花钱，如何争取最大回报地花钱是很重要的。

前几年，企业获取客户的成本是很低的，尤其在互联网的原始时代，一切都野蛮生长，获取客户格外容易，可能获取一个客户的成本只有几元钱甚至几毛钱。到了今天，企业获取客户的成本越来越高。如果企业想要可持续地发展，提高每个客户的价值回报就越来越重要，如何使客户提高客单价，如何增加二次复购率，都是企业必须下功夫研究的课题。

时间成本

企业做全网营销的资金投入成本是显而易见的，而其他成本常常被忽略。最容易被我们忽视的就是时间成本，企业决策需要时间，推广需要时间，搭建网站需要时间，等待网站孵化更需要时间。

正如我们在同一起跑线上竞争，但是谁跑得更快，谁生存的概率就更大。

机会成本

全网营销的时代是一个机会遍地的时代，机会的同时也伴随着风险。在营销的过程中，需要做无数选择，资金如何配比，在付费推广上该投入多少，企业网站搭建时该甄选什么样的产品做主推，选择一样，就意味着失去另外一样。我们时常需要冒着损失其他机会的成本，来抓住面前的机会，这就需要我们仔细斟酌面前的机会，并牢牢抓住，使其回报最大化。

开弓没有回头箭，资金成本、时间成本和机会成本，可以说是企业全网道路中最大的三个成本。

要使我们付出的成本有所回报，一定要把全网营销当作一个系统化工程去运作。

首先系统化运作的方向要正确。很多企业简单地认为网络营销就是花钱在网络上做推广，只要投钱就可以，于是大刀阔斧地去做，这样通常都不会有太好的效果。

例如，我有一个客户是做大闸蟹的，企业经营了多年，最近几年受到互联网冲击比较大，所以自己也想要做网络营销。这个客户本身对网络营销并不了解，在大致了解之后，认为网络营销很简单，就直接投钱到搜索引擎推广上，一年下来，客户在搜索引擎推广上花了几十万元，但是却没有什么效果，最后他才找到了我。

在了解了客户的情况之后，我问客户："你做搜索引擎推广的主要目的是什么？是零售、批发还是代理？"

客户想了想说："应该是零售。"

我听到这个答案之后，就知道了问题的所在。客户所犯的错误在网络营销中是一个非常低级的错误，但同时也是很多企业都会犯的错误。如果产品是以零售为主，搜索引擎就不应该是首选，电商平台才应该是首选。

俗话说"方向不对努力白费"，这句话用在网络营销上也非常适合，只有有了正确的方向，最后才会有结果。

其次企业老板要重视，然后公司上下齐心协力，最后专业的东西交给专业的人去做。

有的企业老板并不真正重视全网营销，觉得自己线下做得也很好，线下就是别人做我也跟着做，美其名曰跟得上时代，其实只是把线上当作对线下的补充。企业老板都抱着这样的心态，网络营销的项目就不可能实现系统化运作，结果自然是做不好。

同时，企业内部也会有一些固有的问题，这些问题互相牵制，导致营销无法达到效果。其实全网营销在本质上仍然是一个新的东西，企业能不能适应它的新，屈就它的新，这是一个核心问题。我见过太多企业老板在决定做全网营销后，直接从原有部门调人来做这一块，现学现做，最多从外面招两个技术人员，这样做非常不专业，无法适应的结果就是企业要走很多弯路。

◎ 缺乏好的合作伙伴

大多数企业老板对网络营销可以说是完全不懂，当自己组建起团队之后，一切只能听从团队的，这就很容易出现问题。

我接触过一个企业，这个企业是做商业配音的，在业内知名度较高，也是新三板的挂牌企业。

我和这家企业老总聊天时聊到了网络营销上，他说他现在有一个自己组建的网络营销团队，团队一共有13个人，不过虽然看上去员工每天忙个不停，但是工作进展却非常慢，建一个网站就花了半年时间，还买了5台服务器。算上人员成本、设备成本等各方面的投入，这半年他已经在网络营销上投入100万元了，但是却没有看到什么效果。

听到这个老总说的情况我就有点奇怪，因为13个人的团队建网站要用半年时间，还要5台服务器，这不符合常理，我就帮他去看了看，结果发现了大问题。

我先查看了那5台服务器，发现里面的东西都不是这个企业的。我又了解了团队日常的工作内容，发现这个团队虽然每天工作很忙碌，但都不是在处理公司网络营销方面的事情，而是在做自己的事情，也就是说团队是在拿他的钱做自己的事，给自己赚钱。

当这家企业的老总知道真实情况之后，立刻就把团队解散了，相关人员全部开除。

我接触的这家企业老总所遇到的情况其实非常具有代表性，因为很多企业老板在自己组建网络营销团队时都遇到过类似的情况。其中最让企业老板头痛的就是不懂网络营销，所以手下的员工每天的工作是什么，工作进度如何，工作结果如何他完全不了解，一切只能听员工的汇报，在这种情况下，企业自己做网络营销不赚钱也就很好理解了。

所以现状是，绝大多数企业自己做网络营销，最后的效果都不尽人意。如今社会依靠个人或者单个企业的力量已经很难有所作为，这也是为什么很多人都在强调企业应该学会进行资源整合。

俗话说："一个人能够整合农民工，那么他就是包工头；能够整合包工头，这个人就是开发商。用别人的汽车去赚钱，滴滴做到了；用别人的飞机去赚钱，去哪网做到了；用别人的酒店去赚钱，携程做到了；用别人的餐厅去赚钱，美团做到了……"

从另一个角度来看，企业和人是一样的，术业有专攻，不同企业也是各有所长、各有所短。因此，企业需要学会将专业的事情交给专业的人去做，自己只做擅长的事情，才能让企业利益最大化。

所以传统企业对于全网营销，应该采取专业事让专业人去做的态度。

有能力就自己寻找专业人员建立专业的营销团队，没能力就找专业的团队去做专业的事情。

而对大多数中小型企业来说，建立一个真正专业化的网络营销团队是非常困难的。这需要企业投入大量的资源和精力，并且，即使是这样企业也未必能找到合适的人员。所以，中小型企业做网络营销最好的方式就是寻找合作伙伴，如果有好的合作伙伴，企业全网营销就会变得事半功倍。

◎ 缺乏好的合作模式

有了专业的网络营销合作伙伴并不代表就能够合作成功，还需要有好的合作模式。

我的学员都是企业的老板，所以我在课堂上经常会问学员这样一个问题："如果有一个人应聘业务员工作，要求底薪1万元，不需要提成，这样的业务员有企业会要吗？或者这个业务员不要底薪，只要提成，企业会要吗？"

显然，正常的企业老板都不会要只要高底薪而不要提成的业务员，因为这样业务员很难有足够的工作动力。

那么只要提成不要底薪的业务员就是企业所需要的吗？当然也不是。因为如果一个业务员不要底薪只要提成，企业就很难约束业务员，无法要求业务员按照要求去做事。

企业和业务员之间其实就是一种合作关系，上面讲的两种模式也是很多企业和网络营销公司的合作模式，所以，这两种模式都是不可取的。真正好的合作模式应该是风险共担、利益共享的。

我曾经做过这样一个案子，给一家公司做全网营销。企业老板姓王，既是我的客户，也是我的朋友。王总是北京人，今年50多岁，之前一直都在一家大型保险公司任高管，他主要负责车险这一部分，已经在该公司工作20多年了，算是这个企业的元老。

有车的人都知道，每年在上车险时，保险公司都会给一些赠品。王总所在的保险公司也是如此，当时赠品有免费验车、免费体检、工具包等。有一年企业做市场调研，结果很多客户都反映买车险时送的东西基本没什么用：验车两年才一次，体检每年单位都组织，工具包所有车都自带。所以，相当一部分车主都希望能够赠送洗车服务，这样对他们来说更实惠。这个消息反馈到车险管理层之后，大家都觉得不错，就采纳了这个意见，给上车险的用户提供免费洗车服务。

王总所在的企业本身没有洗车业务，因此，给用户送洗车的服务就需要找服务商合作，考虑到用户数量巨大，所以企业要求服务商在北京至少有500家网点才能够合作。按照这个标准他们找了很长时间，一直都没有找到。这时王总就从中看到了商机，将这件事情承包下来，由他搭建一个平台，通过这个平台联系为用户洗车的洗车店，然后从中赚取服务费。

与传统企业不同，王总做的这个项目不缺客户，他主要缺的是加盟自己这个平台的服务商。所以，在接下这件事情后，王总首先想的就是通过网络营销方式去找洗车服务商，于是就联系到了我。

在了解清楚这件事情后，我给王总的建议是：像他这种情况，走线上网络营销的效果太慢，不如走线下地推，这样效果更好。采用地推的方式只需要雇用几个业务员，每天上门去联系洗车店。给洗车店提供一个稳定的客户来源渠道，并且还不用什么成本，洗车店老板肯定愿意，所以业务员发展客户应该非常快，每天至少可以发展5个。这样计算下来，招聘10个业务员，只需要10天就可以满足500家网点的要求。

我的意见王总听了非常满意，在之后的聊天中，王总说了一句话："现代人的生活水平就是提高了，愿意自己洗车的人太少，基本都去洗车店洗。"

我听了这句话之后马上意识到这是一个巨大的商机：虽然车险赠送的洗车次数有限，但使用完免费洗车次数后，大部分用户还是要到洗车店洗车，而这些客户信息就是资源，并且这些资源都是免费获得的。当这些用户免费洗车次数用完之后，就可以推荐这些用户去办卡，并且办的卡在全北京加入平台的几百家店铺内都可以使用。推荐完办卡后，平台还可以向平台用户推荐保养、车险、销售汽车用品等。按照这种思路发展下去，这个平台的前途是不可限量的。

我将这个想法告诉了王总，王总非常感兴趣，但是他自己还有工作，没有足够的时间和精力去做这件事情，而且这个平台起步的资源都是依靠车险公司，如果有一天无法和车险公司合作了，平台就会失去所有用户的来源渠道，这是非常危险的。所以王总就邀请我一起做这件事情，让我做网络营销引流带来注册用户，按照注册用户的数量给我报酬，并且愿意分给我10%的股份。当时我觉得既然是按照带来注册用户数量取酬，那就不应该再要股份，所以我只答应一起合作，给他做营销推广带来客户，没有接受股份。

接下来就是线上推广。在线上推广的第1个月，我就给平台带来了8万注册用户，第2个月带来12万注册用户。后面每个月发展的注册用户数量都在不断增长，到了第8个月，我已经给平台发展了270多万的注册用户，得到的报酬就是270多万元。

8个月之后，平台已经有了几百万的注册用户，王总找到一家投资公司，估值高达2亿美元，王总出让了10%的股份就融资到了2000万美元。

在融资2000万美元之后，投资公司进入公司进行调查，发现平台新增注册用户全都是网富公司（以下简称网富）去做的。所有做企业的人都明白客户对企业的重要性，投资公司因此不愿意再让网富参与其中，要求王总必须停止合作。虽然王总不愿意，但是也只能停止和网富合作。

在网富离开之后，平台自己组建了一个70多人的网络营销团队，并且高薪从其他企业挖来一个有类似平台经验的CEO。有了自己的营销团队，又有了新的CEO，网富之前的营销推广方案就此彻底终止。

新营销团队提出了一系列推广方案，总结下来就是烧钱玩补贴。结果这个方案只使用了5个月的时间，融资获得的2000万美元全部花完，第二轮融资也没有融到，没过多久，这个平台就倒闭了。

如果我当时接受了王总10%的股份，投资公司做调查时，发现虽然企业客户都是网富去做的，但是网富有股份，就不需要终止和网富的合作，平台也就不会短短几个月时间就倒闭。

也正是因为这次失败的经验，网富才决定在今后的项目中要持有一部分企业股份，防止类似的事情再次发生。

第 2 章　全网营销的必备思维

2.1　企业网络营销的两个误区

◎ 误区 1：过分求快

《论语 · 子路》曰："欲速则不达。"这句话适合用在很多事情上，其中就包括网络营销。

我有时候会碰到这样的客户，在谈合作时，什么都还没有弄清楚，一上来就问多长时间能见效果？我回答大概需要半年时间。客户马上就不乐意了，觉得时间太长了。在他们看来，网络营销就是花十几天做个网站，然后立刻开始推广，效果就出来了。

所以在遇到过这样的几个客户后，再碰到类似的问题，我都不再直接回答，而是告诉客户为网络营销初期需要做的事情，然后再告诉他们需要半年时间。

企业做网络营销初期分为两个阶段：基础搭建期和推广铺垫期。

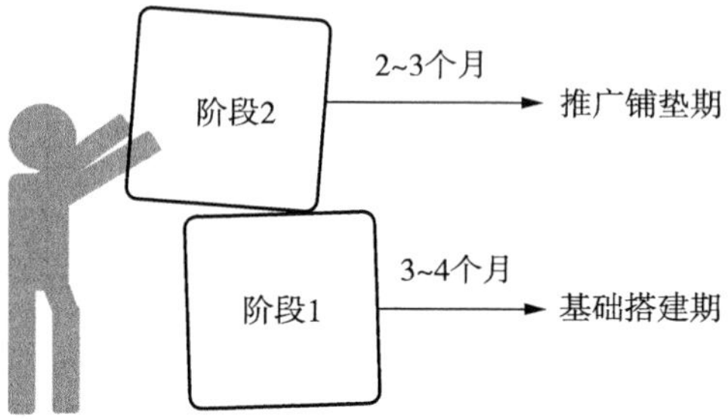

图2－2　网络营销初期的两个阶段

基础搭建期：企业想要做网络营销，首先应该根据企业的具体情况和性质的不同有针对性地进行系统策划，然后建设网站、做品牌包装、建立微信系统等，完成这些工作就需要3～4个月。而在这段时间中，网络营销是不可能有任何效果的。

推广铺垫期：企业在完成一系列工作之后，接下来就开始营销推广。这里我们需要明白一点，网络营销如同种树一样，是一个循序渐进的过程，不可能一蹴而就。因此，网络推广也需要2～3个月的铺垫期，在完成铺垫期之后，营销的效果才能真正显现出来。

我们将初期两个阶段加在一起，就需要将近半年的时间。也就是说，企业做网络营销想要真正看到效果，至少要半年时间，想要短时间内就看到效果几乎是不可能的。

◎ 误区2：只求便宜不管效果

做网络营销资金上的投入也很重要。

一部分对网络营销不是很了解的人简单地认为网络营销是可以不投入或者少投入的，只需要找人花时间去管理就可以了，但事实并非如此。

我有一个客户是做服装批发生意的，地址原来在北京动物园批发市场，生意做得还不错。去年北京动物园批发市场外迁，客户没有开店的场地了，也不想迁到其他地方，因为客户已经在北京定居，生意迁出北京的话非常不方便，所以就想将生意转移到线上。

我接手这个项目后对客户情况进行了详细了解，他过去一年营业额在3000万元左右，投入的费用则在300万元左右。将生意转移到线上客户不希望业绩受到影响，要求最少一年也要3000万元营业额。而当谈到线上准备投入的费用时，客户思考了半天，回答："第一年先投入10万元看看吧。"

显然，这个客户对网络营销并不怎么了解，认为网络营销只需要建设一个网站，然后花时间去打理就可以了，但是实际情况远不是这样。

随着越来越多的企业进入网络营销当中，线上的竞争也越来越激烈，企业在线下需要花广告费、场地费等费用，在线上也同样需要。不过区别在于线上的投入产出比要远高于线下，并且网络营销是一种趋势。

那么网络营销到底要花多少钱呢？

表2-1　自建网络营销团队一年大概的费用

项目	岗位	数量	主要工作	成本投资元/年
运营团队	部门经理	1	项目整体执行管理	18万/年
	营销策划师	1	负责网络营销推广和活动策划	18万/年
	技术工程师	1	负责技术的前端和后端开发	9.6万/年
	美工设计师	1	网站、推广图片的设计	9.6万/年
	文案	1	推广文案的撰写	9.6万/年
	推广专员	1	推广信息发布	6万/年
	运营专员	1	负责运营管理和数据分析	6万/年

续表

项目	岗位	数量	主要工作	成本投资/元/年
基础建设	网络品牌包装			20 万/年
	微信营销系统			2 万
推广费投资				20 万
共计		7 人		118.8 万

表 2－1 就是一个企业自己组建网络营销团队一年大概需要支出的费用，列出的岗位也是网络营销的标准配置。这样的一个团队一年费用是 100 多万元，而且即使是成熟的网络营销团队运营，也需要半年时间才能见效。企业自己组建的新网络营销团队能够见效的时间就更长了，并且还要建立在一个前提下，就是团队运营良好，没有任何问题，所有成员都为团队努力付出。

这样计算下来，企业自己组建一个网络营销团队的成本是非常高的，需要企业花费大量的金钱、时间和精力，稍有不慎，就会损失惨重。

如果我的客户做内衣批发生意，想要在线上做出 3000 万元的业绩，那么至少需要投入 200 万元网络营销的费用才有可能实现，否则是不可能的。

2.2 企业网络营销的三个思维

◎ 大数据思维

2016年，马云在云栖大会上第一次提出了“新零售”的概念。新零售的定义为：企业以互联网为依托，通过运用大数据、人工智能等先进技术手段，对商品的生产、流通与销售过程进行升级改造，进而重塑业态结构与生态圈，并对线上服务、线下体验以及现代物流进行深度融合的零售新模式。

其中大数据是重中之重。

首先要纠正对大数据的认识。过去很多企业家认为大数据是一个很新很难的事情，涉及规模庞大而复杂的数据库，或涉及艰深的数据分析和运用。但是这些都不应该阻碍我们具备大数据思维，大数据是一个核武器，当其他企业掌握这个武器时，我们就不应该因为畏难而放弃或者拖延。

同时，大数据本质是一个工具，关键是收集和分析之后的运用，对于企业的经营者来说，可以不是大数据分析的大牛，但是至少要去深入了解和掌握如何运用大数据为我们服务。

阿里巴巴副总裁车品觉，曾经在2016年大数据营销论坛上预测未来的趋势，他肯定未来将有以下六大趋势会深度改变营销：

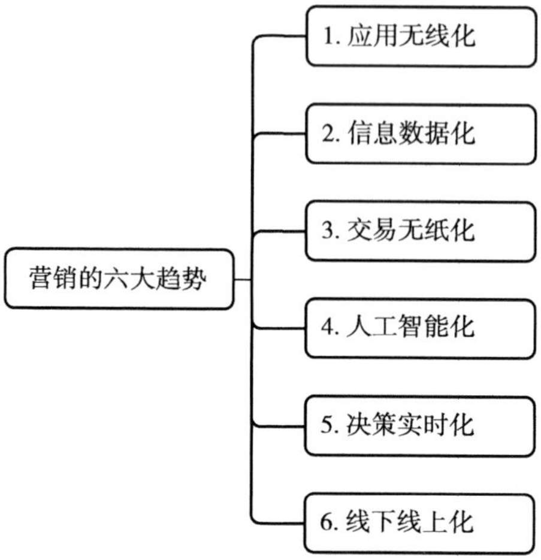

图2－4　营销的六大趋势

从这个角度出发，我至少可以看到未来的2～3年，有几项已经存在的趋势正在扩大中：

（1）应用无线化：提供了更大的便利性与移动性，让终端设备与资料采集的作业更具弹性而有效率。

（2）信息数据化：让信息的流通、交换、加工、运用更趋标准及结构，DT时代数据的应用变得更即时直接。

（3）交易无纸化：彻底改变了我们的交易行为与资金流，并赋予未来微经济商业模式更多创新思考的可能性。

（4）人工智能化：大数据所产生的创新价值与人类交互并深入于生活之中，人的思维与新科技将会遇上前所未有的碰撞。

（5）决策实时化：通过大数据实时采集及加工改变了决策与信息关系。过去的世界因数据不能低成本获取，决策的实时性和精确性难以达到。

（6）线下线上化：未来仍将呈现线下更多地运用线上数据的趋势，线上与线下将连接在一起不能分割。

◎ 极致思维

“3000 艺术家理论”带来的启发

2017 年有一个很火的概念，可以简称为“3000 艺术家理论”，这个理论的大致意思是：如果一个艺术家能培养出 3000 个忠实粉丝，每年每个粉丝愿意给艺术家贡献 1/1000 的工资，那么这个艺术家的收入就是 $1/1000 \times 3000 = 3$，是他粉丝平均收入的 3 倍，如果粉丝愿意给艺术家贡献 1/100 的工资，那么艺术家的收入就是粉丝平均收入的 30 倍。前者足以维持体面的生活，后者则非常可观了。艺术家的一生都可以用在维护这 3000 个粉丝上，不需要再扩大，只需要深入挖掘，使粉丝成为自己的终身粉丝。

“3000 艺术家理论”对企业的启示是什么呢？企业的目标可以做小，我们每个产品，都要找它的 3000 个终身粉丝，然后这些产品和产品背后的粉丝就是我们最宝贵的财富。但是要维护这 3000 个终身粉丝，靠的就是绝对的精准和极致。

极致这个概念其实可以分几点去理解，一是产品的极致；二是服务的极致，综合起来就是体验的极致。一方面，我们要做“小”，在细分市场里抓住细分人群的需求，然后把这个需求放大到极致；另一方面，我们提供极致的服务，过去我们的服务是流程化、流于表面的，服务对于我们来说是一种成本，是成本就要考虑节省。未来服务是产品的一部分，是战略层面的，做好服务才有更大的客户终身价值。

现代社会的优势在于，如果我们能在一个很小的市场里把一个东西做到极致，那我们的市场可以无限大。

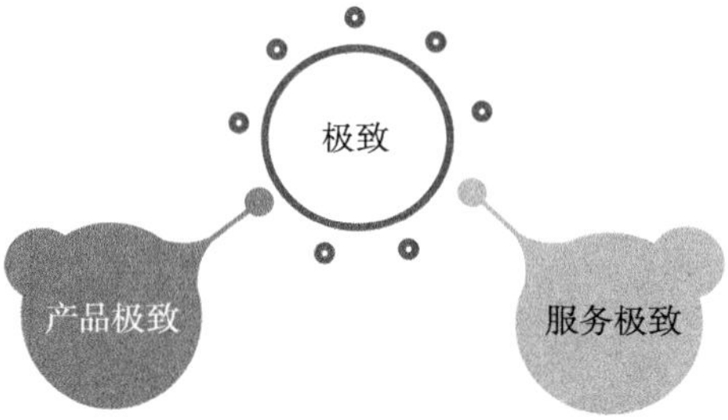

图 2－5　极致的概念

◎ 共振思维

旅行青蛙和杜蕾斯

2018 年 1 月，一款游戏以极短的时间在互联网上火了。最早这个游戏火起来是从微博开始的，一些博主率先发现了这款从日本引进的游戏，在没有翻译、纯靠蒙的情况下开始玩这款游戏。

游戏内容及其简单：养一只青蛙，然后送它去旅行。青蛙有时待在家里，看看书，写写信，吃吃饭，接待下朋友，有时青蛙不在家，那就是出门旅行去了。出门的青蛙会寄明信片回来，上面有它在旅行地的写真。因为游戏内容的简单和随性，大家对之惊为天蛙，称为佛系游戏，然后纷纷加入养蛙阵营。

一时间，旅行青蛙火遍全网，朋友圈里有一半人都在晒自己的青蛙。

而杜蕾斯紧跟着就推出了一张图，配文是“一直在计划，从未出过门”。乍一看和旅行青蛙的家非常相似，仔细一看却令人大呼杜蕾斯有创意，主题也和热门游戏旅行青蛙深度契合。难得的是杜蕾斯的营销一直做到了有趣却不低俗。

图 2－6　杜蕾斯微博截图

这条微博在短短时间就获得了 2 万多次转发，网友们纷纷在评论下方给出了正面评价，有个网友赞扬说“我是最服小杜的文案，业界一流的”。

这条微博很好地实现了和粉丝的共振。

要和粉丝共振绝不简单，要注意以下几点：

第一，要追寻热点，无论是新闻还是游戏，只要是用户关注的，就需要我们关注，并找到这些热点和企业品牌之间的关系。

第二，热点和企业的联系要巧妙，不能生搬硬套。

第三，警戒红线，要做到有趣而不低俗。低俗是一条绝不能越过的红线，一向是营销大牛的卫龙辣条，就在 2017 年陷入低俗广告的风波，被罚款 60 万元不说，还给粉丝留下了负面印象。不良营销造成的负面营销，需要几倍乃至几十倍的正面营销去抵消。

2.3 做好全网营销的两个关键

◎ 关键1：搞清楚，客户怎么买

经常会有客户问："为什么我做网络营销完全没有流量?""为什么我做网络营销月月亏损?""为什么我组建了专业的网络营销团队，但在网络营销上依然是入不敷出?"

对于类似上面的这些问题我通常不会直接回答，即使回答了这个问题，他们还会有下一个问题，网络营销依然做不好。因为对这些问问题的学员我通常会反问他们几个问题：你的核心客户在哪里？网络流量入口众多，他们会通过何种方式找到你？他们的购买习惯是什么？哪些因素会影响他们的购买决定？

如果企业对这几个问题都没有答案，那自然就不可能做好网络营销，因为做网络营销就是围绕着这几个问题通过互联网开展的一种营销方式。不知道这几个问题的答案，只能证明企业完全不了解网络营销，也不了解自己的客户是如何通过网络去购买产品的。

那么客户究竟是怎么购买的呢？对于这个问题不同企业的答案是不一样的，所以我无法给出一个标准答案，但是我可以通过四个变化让企业自己去思考客户是如何购买的。

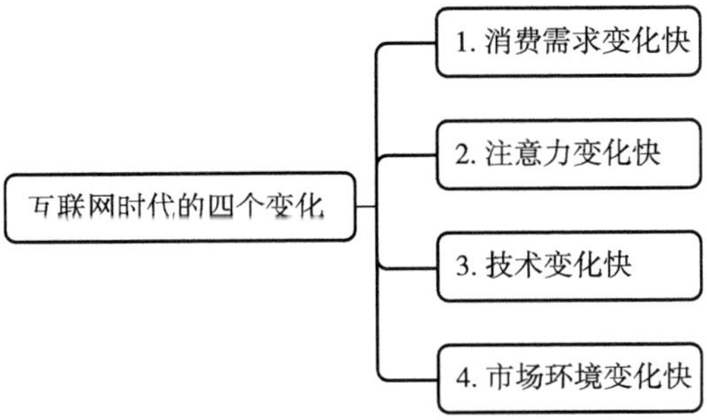

图 2-7　互联网时代的四个变化

1. 消费需求变化快

过去，传统企业凭借一款好产品或者一个好品牌很容易就可以维持下去，因为过去的消费者对企业普遍忠诚度较高。而进入互联网时代，“80后”“90后”消费者已经成为消费主力，这些消费者对传统品牌和产品并不“感冒”，他们更热衷于追求一些新鲜事物，消费需求经常发生变化，对品牌的忠诚度也较低。

2. 注意力变化快

互联网的普及让我们处在一个信息爆炸的时代。每天都有大量的新信息出现在消费者面前，分散消费者的注意力。这就导致消费者关注热点信息变化也非常快，消费者每天的眼球也在被这些不同的热点所吸引。

在现在的网络营销中，借助热点的力量进行营销已经成为网络营销重要的组成部分，如果企业对热点没有足够的敏感度，不能及时发现消费者注意力的变化，就不可能利用热点去进行营销。

3. 技术变化快

最近几年中国在移动网络、大数据、云计算等和互联网营销有关的新技术方面发展迅速，已经超过了大多数国家，并且处于高速发展阶段，这也是网络营销在中国迅速发展的重要原因。

技术的变化代表了未来的趋势，如大数据和云计算意味着未来的营销将越来越具有针对性，只给客户展示他们想看的营销信息。移动网络的快速发展意味着移动终端正在逐渐替代 PC 端，客户越来越习惯通过手机寻找和购买商品，未来移动端市场才是网络营销的主战场。

4. 市场环境变化快

自 2012 年以来，中国的移动互联网发展就进入高速发展时期，其发展速度让无数人都为之惊讶。移动互联网的发展改变了传统网络营销的概念，改变了企业竞争的模式，也让传统行业之间的界限开始模糊化。

2015 年，行业垂直风暴再次掀起，此时由移动互联网兴起带来的社群电商和微商也在快速发展当中。客户流量渠道开始呈碎片化趋势。

虽然市场环境的快速变化让很多企业老板在思维上还无法适应，因为他们还没有适应上一个市场环境时，下个变化又发生了。但是这对众多中小型企业来说并不是一件坏事，因为快速的变化丰富了企业和消费者接触的机会，通过全网效果营销，企业可以充分将线上线下碎片化渠道全部利用起来。企业在付出相同营销成本的前提下，可以获得比传统网络营销更多的客户。

渠道碎片化同时还意味着未来消费者的渠道选择也将越来越多，微信、微博、论坛、搜索引擎、线下实体店等，这些渠道消费者都可能选择，这也是为什么企业要展开全网效果营销的一个重要原因。

想要做好网络营销，我们首先要知道客户是怎么购买企业产品的，然后再去研究企业如何销售产品才能满足客户的需求。

客户在产生需求之后，就会从网络搜索需求的产品。搜索的途径有很多，如百度、360 等搜索引擎，也可能是京东、天猫等购物平台。客户只有通过这些途径找到企业的网站或者平台，才可能购买企业的产品。

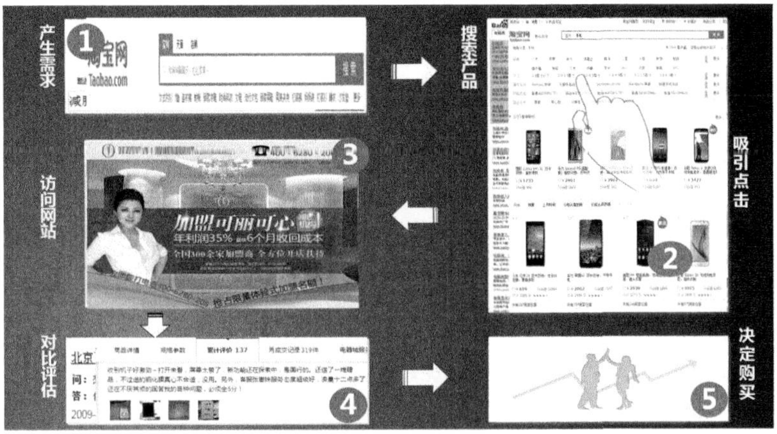

图2－8　客户在网上购买企业产品的过程示意图

客户在找到企业的网站或者平台后就会进去浏览，这时要求客户浏览到的网页要能够吸引客户，如果网页无法吸引客户，客户也不可能购买产品。

当企业的网页能够吸引住客户，这时客户就会和商家取得联系。不过和商家联系不代表客户就会购买产品，很多客户在了解到具体信息之后，还会在网上进行对比和评估。例如，利用搜索引擎查看公司各方面的信息，如果在平台上则会查看其他客户对企业产品的评价。客户对评估结果也比较满意之后，才会购买企业的产品。这就是客户购买企业产品的流程。

◎ 关键2：再研究，企业如何卖

我们先来看一个公式：

成交额＝流量×转化率×单价

成交：4万元＝流量（2000个）×转化率（1%）×单价（2000元）

成交：8万元＝流量（4000个）×转化率（1%）×单价（2000元）

成交：16 万元 = 流量（4000 个）×转化率（2%）×单价（2000 元）

从代入数据的三个公式中，我们可以发现在投入、转化率和产品单价不变的情况下，只将流量提高 1 倍，成交额也会翻 1 倍。这就说明在企业的网络营销中，流量是非常重要的。所以，企业做网络营销首先需要提高流量。

而在投入减少、流量和单价不变，转化率提高 1 倍的情况下，成交额也增加了 1 倍，这说明转化率也直接关系到企业的成交额。所以，在提高流量的同时，还需要重点去做的就是提高转化率。

下面我们再来看一幅图片：

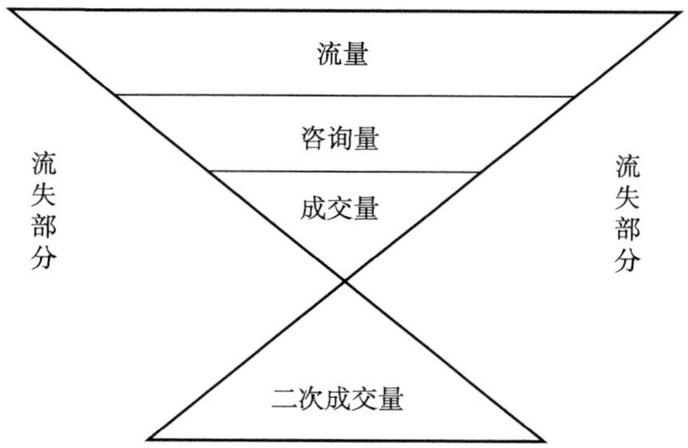

图 2－10　网络营销的流量走向

我们按照从上到下的顺序，结合企业网络营销来看这张图片。企业网络最先获得的就是流量，并且流量数据是最多的。例如，有 100 个人浏览企业网站，可是咨询的只有 10 个人。在咨询之后就是成交，但是 10 个人咨询不代表 10 个人都可以成交，也许只能成交 2 个人。

如果企业懂得维护已成交客户，用正确的方法促进客户自发对企业产品进行推荐，和成交量相比，二次成交的数据就有可能会增大。

从最初的流量到最后的二次成交，这就是企业做网络营销最重要的四个环节，而这四个环节对应的就是网络营销的四大系统，也是本书的重点内容。

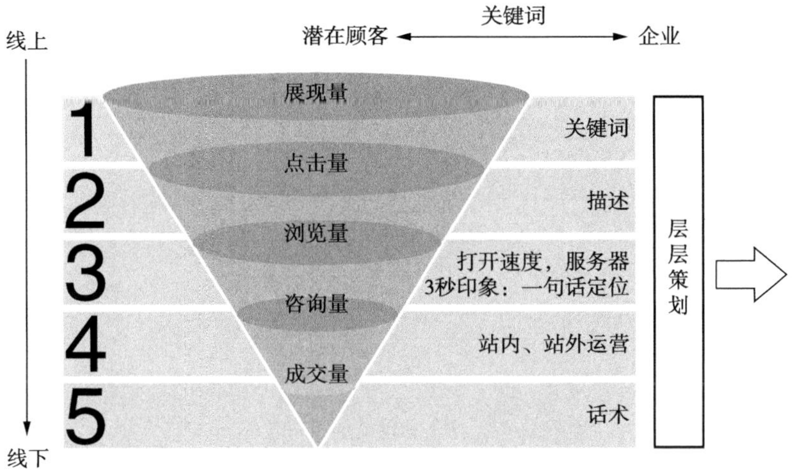

图 2-11 从展现量到成交量的变化

实战篇

构建全网营销的四大系统

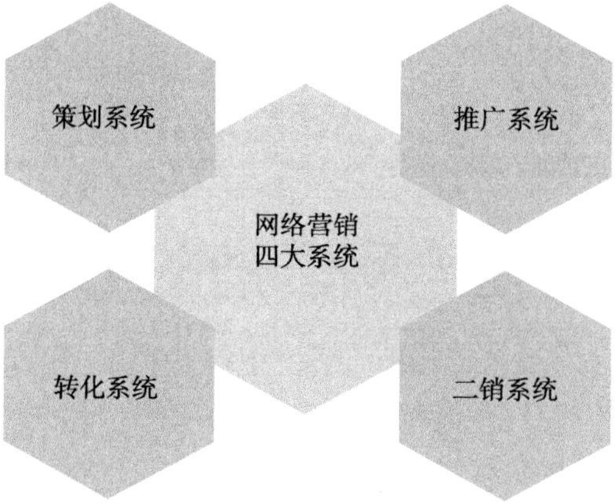

全网营销的四大系统

第 3 章　策划系统：如何找对企业营销的方向

3.1　精准定位：五个定位确定企业营销方向

定位是一场争夺消费者大脑的战争，占领消费者的大脑比占领市场更重要！

企业在进行网络营销策划时，首先要对企业进行定位，有了正确的定位，才能策划相应的营销方案。

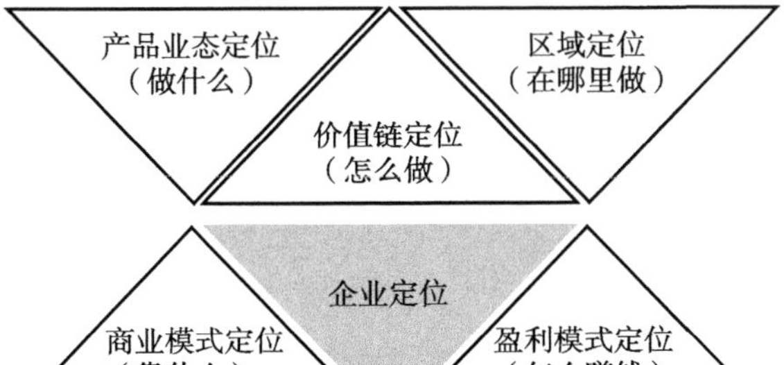

图 3－1　企业的五个定位

◎ 产品业态定位

不同企业的产品千差万别，针对消费群体也有很大的不同，所以适合的产品业态定位也有所不同。行业虽然有千差万别，但是根据产业链不同，我们可以将行业大致分为三类：产品类型、服务类型和电商平台类型，前两种是我们重点介绍的类型。

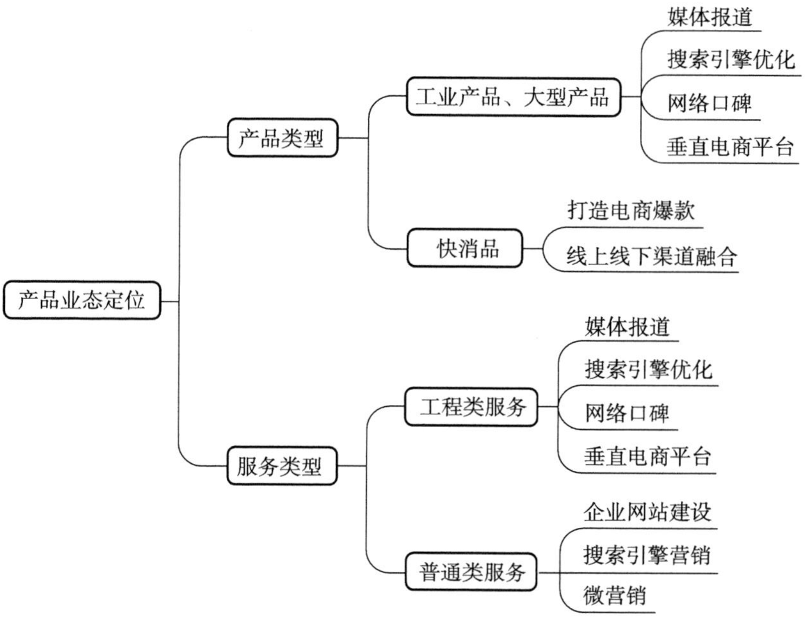

图 3－2　产品业态定位

产品类型

1. 工业产品、大型产品

对于这类企业的产品在开展全网营销时，应该更注重品牌的建设和打造，而非寄希望于在线成交。所以企业在进行网络营销时需要将资源侧重于媒体报道、搜索引擎优化、网络口碑方面。有实力的企业可以考虑建设行业垂直电商平台，但建设的前提是企业有专业的运营团队，人员有相关的经验才可以，缺乏实战的运营团队很难运营起这样的平台。

2. 快消品

快消品企业在做全网营销时，首先要考虑自己的哪种产品拥有互联网特质，易于打造成电商爆款产品。考虑的因素包括产品名称、价格、客户群体等。选择出适合的产品之后，再去分析该产品品类目前电商市场的发展情况和未来趋势。

快消品企业在转型做全网营销之前必然有自己的经销商体系，这就可能导致产品在做全网营销之后会和原有经销商体系发生冲突。为了避免这种情况的发生，企业有两个选择：

第一个选择是为全网营销打造出一个专供系列产品，直接去中间渠道，采用电商直营的方式。这类产品也就是我们常见的“网络专供款”。

第二个选择是将线下渠道和线上渠道相融合，线上主要作用是品牌建设和引流作用，线下则承担提供用户体验和促进交易的完全工作，两者取长补短，共同合作。

两种方法使用哪一种需要根据企业具体情况来判断。例如，对于一些渠道较弱的企业就可以选择打造网络专供产品，而对一些渠道较强的企业则可以采用线上和线下相融合的方式，将自己的优势完全发挥出来。

主打产品的定位：一个企业通常都会有多种产品，但网络营销不可能同时推广所有产品，必须从众多产品中挑选出少量的主打产品，进行主力营销，这也就是我们常说的“爆款”产品。

产品品牌设计：无论是打造全新的互联网产品，还是采用线上线下相结合的方式，传统企业要开展全网营销，就必须对产品重新进行品牌设计，其中包括品牌定位、VI 设计、价格策略、营销渠道。

品牌定位：品牌定位包括产品的功能定位、价值定位、市场定位、客户群体定位等，在思考这些定位时，企业还要考虑产品的名称，保证名称容易被消费者记住和传播。

VI 设计：VI 设计简单来说就是视觉效果设计。消费者通过互联网浏览产品时，无法接触到产品实物，这时产品带给消费者的视觉效果就显得非常重要，尤其是在快消品这个竞争激烈、消费者选择众多的行业。如果企业产品在外观上让消费者感觉到不满，那消费者很可能会去选择竞争对手的产品。

价格策略：互联网营销和传统营销有很大的不同，因此产品的价格体系也需要重新思考。作为主打的爆款产品，这是企业的主要利润来源之一，所以价格必须要有较高的利润，同时还要能够让消费者接受，不能高于市场同类产品太多。价格太高的产品是很难成为互联网爆款产品的。

营销渠道：全网营销是一种全渠道营销方式。但是和产品一样，一个企业产品虽多，也要从中挑选出几款主打的产品。所以企业在网络营销时也要找到产品最适合的营销渠道，将资源重点投入在这些渠道上。

例如，曾经微商最火的产品面膜，面膜的产品特性决定了它适合在社交平台上推广，所以它借助微信火了。但是如果将面膜放在搜索引擎营销上，就不会有太好的效果。

服务类型

服务类型就是企业提供某一类服务，没有实物产品，如医疗、金融、工业建设等，其中也包括那些既有服务顺带也做产品的企业。

1. 工程类服务

对于提供工程类服务的企业，全网营销的开展和工业产品、大型产品的全网营销策略有些类似，核心以打造品牌影响力为主。主要通过媒体报道、搜索引擎优化、口碑打造等方式展开。打造的方式不能过于复杂，要简单化。

2. 普通类服务

普通类服务开展全网营销的侧重点是为企业带来更多的流量，主要通过企业网站建设、搜索引擎营销、微营销方面展开。

多数服务类企业都非常适合线上线下相结合的模式。对于这些企业，首先要确定商业模式和盈利模式；其次进行品牌策划（和产品企业品牌策划相类似）；再次是平台的建设（服务类企业的平台建设非常重要，重点是企业网站、微商城、APP应用）；最后就是营销渠道的选择（社会化媒体工具非常适合服务类企业的营销推广，需要企业重点去打造）。

◎ 区域定位

网络营销给企业提供了更多的销售渠道，让企业业务覆盖范围更广，但同时也让自己面对的市场竞争更加激烈。你不知道竞争对手会在什么时候从哪里侵占你的市场。

例如，工业品行业，工业品的采购地区和最终使用地区也经常是不同的。例如，企业在北京，项目现场在新疆，因此，采购就由北京总部采购，使用则是在新疆。如果项目现场工业产品需要更换，必须北京总部采购，然后运送到新疆，这是比较麻烦的事情，周期还比较长，有时可能只是一个小配件的更换，却需要十几天的时间。而互联网出现之后，在需要更换产品时，北京总部采购就可以通过互联网找到新疆的生产厂家，然后直接发送新疆现场，这就非常方便了。

现在问题就出现了，如果你的企业是新疆经营工业品的，想要北京采购企业找到你的产品应该如何做呢？

无论怎样，外地采购者想要找到当地厂家信息，必须通过网络进行搜寻，所以，企业首先可以从用户网络接触点入手。例如，使用一些区域和产品相结合的关键词进行营销推广，如“北京×××”“上海×××厂家”“天津×××维修”等，企业还可以在当地有影响的行业论坛进行推广营销。这两种方法都可以让外地购买者找到企业的信息。

同样一种产品在不同的区域推广，取得的效果也将大不一样，这就是产品的区域性。那么企业的产品营销应该主要放在哪些区域去做呢？这不能单靠企业以往的经验去决定，而是要通过大数据进行科学的计算和分析，然后才能得到答案。

互联网打破地域限制

互联网的出现让传统商业模式中地域的限制不复存在。过去，多数中小型企业都会受到地域限制，只能覆盖自己周边的地区。不过这并不是一件坏事，因为地域限制像是一道天然的“长城”，阻挡了外地企业的进入，大大降低了企业的竞争压力。

然而随着互联网的发展，区域限制被彻底打破。例如，过去一家超市的主要竞争对手就是周围数百米之内的其他超市。而随着诸如美团等移动购物软件的出现，现在超市的覆盖范围扩大到数倍，竞争也因此激烈了数倍，因为辐射范围内的所有超市都可能成为竞争对手。面对市场环境的改变，企业也必须及时做出改变，才能让企业更好地适应当下的环境。

我有一个山东青岛的客户是做无尘洁净工程的，目标群体主要是一些工厂企业。最初，这家公司的业务主要是针对青岛当地市场，业务开展方式就是让销售员电话联系青岛当地的工厂企业，然后上门拜访客户。就这样客户做了几年，企业的经营状况很一般，只能做到收支平衡，一直没有什么突破。

2012 年，中国电商市场进入了发展快车道，越来越多的企业开始重视网络营销。这时我的客户突然发现自己的业务开始大幅下滑。因为之前公司业务只针对当地市场，非常有局限性。不过好在当地行业竞争不太激烈，所以企业还能维持生存。但是随着电商的发展，越来越多的竞争企业都开始做网络营销，市场范围一下扩展到了全国范围，这就给客户的企业带来巨大的冲击。

了解企业具体情况后，我先和客户确认一个问题：能不能接外地业务？得到客户的肯定答案之后，我就接下了这个项目，开始去做全网营销。

首先是建立了一个营销型网站，然后利用媒体报道、口碑宣传打造企业的网络形象，最后进行搜索引擎的优化和推广。半年之后，客户发现自己的业绩有明显的提升，并且有了很多外地的用户。如今，客户已经完全改变了业务模式，其业务80%以上都来自外地，公司现在也开始着手成立驻外办事处，方便业务开展。

从上面的案例中我们可以得知，互联网改变的不仅是企业的营销模式，还有企业的区域定位。如果企业面对互联网带来的改变不能及时做出反应，就只能看着竞争对手抢走自己手里的蛋糕。就像案例当中我的客户，最初只做当地市场。但是竞争对手通过互联网也开始抢占当地市场，并且此时客户要面对的是来自全国的竞争对手。如果他故步自封，只希望守住自己的一亩三分地，最终的结果只能是被淘汰出局。

根据区域有针对性地营销

并不是说所有企业在做全网营销后都应该去针对全国市场。中国人口众多，国土面积辽阔，不同地区的自然环境、背景文化、消费者的消费习惯、消费能力等千差万别。所以同样一种产品在不同区域推广，取得的效果也将大不一样，这也是产品区域性的一大特点。

那么企业的产品营销应该主要放在哪些区域去做呢？这不能单靠企业以往的经验去决定，而是要通过大数据进行科学的计算和分析，然后才能得到答案。

企业在对不同区域进行网络营销时，还应该根据区域情况的不同做出适当的调整。因为不同区域的消费者对同一类产品的需求和关注点可能有所不同，所以企业的营销展示甚至是产品本身都应该根据区域做出改变，满足消费者的需求。

例如，家具企业在向南方市场和北方市场分别做网络营销时，营销方案以及产品都要有所不同。因为南方地区普遍多雨水湿度较高，消费者在选择家具产品时就会首先考虑到防潮防霉因素，而在产品上，企业也需要在防潮防霉上做一定处理，而在北方市场营销时就不需要考虑这个问题。

还有一些企业因为产品特点只能在部分区域销售，对于这类企业在开展全网营销时，就要避免在一些无法销售的区域推广，提高推广资源利用效率。例如，一个企业是做羽绒服生意的，在海南那样的地方就很难销售，因为那里的天气很少有需要穿羽绒服的时候。

◎ 价值链定位

客户愿意购买一款产品，是因为产品对他来说是具有价值的。价值链定位则是确定企业产品能够给客户带来最突出的价值是什么。

我们用汽车做例子，沃尔沃的产品突出价值是安全；劳斯莱斯突出价值是身份；宝马突出价值是操控；奔驰突出价值是舒适……找到一款产品的突出价值之后，网络营销就会围绕这个价值去展开，给客户从众多同类产品中选择自己企业产品的理由。

我们可以通过小米的生态链定位中思考自己的企业价值链定位。

现在提起小米这个品牌，在中国应该无人不知。小米从2010年成立到现在，只有短短的7年时间，但是小米现在已经成为中国的第三大电商，这不得不说是一个电商奇迹。

如今，小米已经开始从线上走到线下，现在的小米之家全国一共有137家，每家门店的位置也都在核心地段，坪效在零售行业门店当中仅次于苹果，排名第二。

小米在刚创立时只是一个线上品牌，如今的小米之家却可以做得这么成功，这与小米的“小米生态链”计划有着密切的联系。

2013年，雷军向外界宣布了“小米生态链”计划，在这个计划中，小米计划在5年时间里扶持100家创业企业，希望这些创业企业可以复制小米的模式。不过在4年之后的今天，那些被扶持的创业企业已经不再是简单地复制小米模式，而是成为小米生态链中的重要一环。

在整个生态链当中，小米之家只是给所有生态链中的企业提供一个销售平台，通过这个平台，创业企业可以充分利用小米的资源，如庞大的用户群、自有渠道、供应链支持等，在这些资源的支持下，创业公司的成长速度将会得到大幅度提高。

当然，小米打造小米生态链自己也会从中受益。小米最主要的产品就是手机，而手机是一种购买周期较长的商品，通常消费者的更换频率都是以年为单位计算的，这就代表着如果小米之家只经营手机产品，消费者的重复进店周期将会很长，与之对应的是营销成本的大幅增加，很明显，这对小米是非常不利的。所以，缩短消费者重复进店周期就成为小米一直在思考的问题。

既然一种产品的重复购买周期较长，那么可以多增加产品种类，这就能提高消费者重复进店的周期。如果一个实体店内有20种产品，即使平均每种产品的更换频率是一年，小米之家也相当于半个多月就有一种新产品发布。这就是小米找到的答案，于是就有了小米生态链。

小米的生态链其实就是一个零售产品的生态系统，通过这个生态系统，小米将多个零售企业紧密地联系在一起，形成了利益共同体。

所以，当大多数公司把自己定位成价值链中的一环时，小米直接把自己定位为连接价值链的链条。对于过去的企业来说，市场环境相对较为稳定，所以企业的生命周期普遍较长。而在互联网时代，市场环境波动非常大，企业的生命周期也明显缩短，尤其是对于创业企业。

在小米看来，互联网时代的企业就像是竹子，一场春雨就可以让竹子快速生长起来。但是如果竹子只是独立生长，就非常脆弱，很容易死掉，而形成竹林之后，就不会如此。小米生态链的目的就是打造一片竹林，竹林底下根系发达，源源不断地培养新的竹子成长，形成一个完整的生态系统。

◎ 商业模式定位

在我看来，企业商业模式无非三种，每一种用一个字就可以代表。

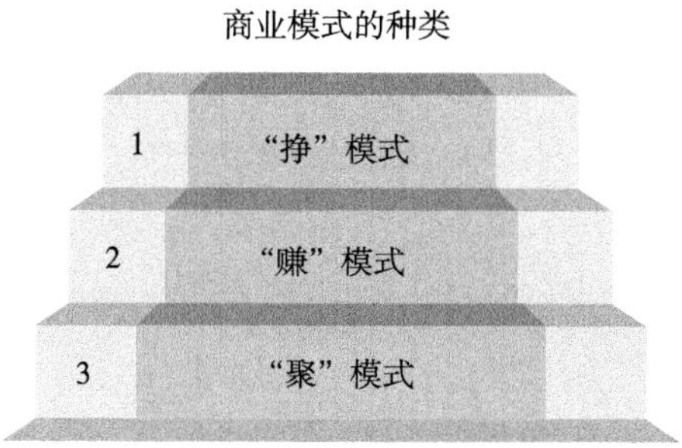

图 3－3　商业模式的种类

第一种：“挣”

“挣”字是一个提手旁加上争取的“争”字，意思就是用自己的手去争取。这是“挣钱”的商业模式，挣的是差价。

在互联网时代，信息的获取已经变得非常容易，挣差价的难度也越来越高，并且利润还非常少。这种商业模式就会限制企业的发展，无论老板再努力，企业依然无法做大。

第二种：“赚”

“赚”字是一个“贝”字加上一个“兼”字。贝字的意思是钱，兼字的意思是同时、顺便，两个意思加在一起就是用钱顺便把钱赚了，这是“赚钱”的商业模式，赚的是模式。

以巧婆婆酱肉包为例，最初这个品牌的创始人只是做早点的，用自己的手辛苦挣钱，挣的是原料加工费，他走的就是“挣钱”的商业模式。后来我让他不再做早点，改为做连锁店加盟，这就变为“赚钱”的商业模式，因为此时他就是靠模式赚钱。

第三种：“聚”

“聚”字上面是一个“取”字，意思就是用手取，这是“聚钱”的商业模式。聚钱的商业模式聚的是生态，想用钱直接用手取就可以。

在股票市场当中，普通股民是“挣钱”的商业模式，因为股票赚的是差价。也正因为如此，大多数股民挣钱都非常难。发行股票的上市公司就是“赚钱”的商业模式，因为他们用股民的钱来赚钱，用的是模式赚钱。而交易所就是“聚钱”的商业模式，它提供一个买卖交易的平台，所有买卖交易它都会从中获得利润，它依靠的是用整个生态链来赚钱。

现在我们来综合对比这三种模式：

挣钱商业模式靠的是营销，卖的是产品，讲的是付出，收的是现金，是一比一的回报率。

赚钱商业模式靠的是金融，卖的是模式，讲的是产出，收的是货币，是一比一百的回报率。

聚钱商业模式靠的是局势，卖的是趋势，讲的是未来，收的是资产，是一比一百万的回报率。

商业模式的变革

传统企业老板的思维需要转变，也就是说企业的商业模式需要变革。从过去传统的店铺思维转向现在的网络店铺思维；从用户思维要转移到用户参与思维；从经营企业要转移到经营人心；从挣钱到赚钱最后转移到聚钱的商业模式。

我们看中国互联网三大巨头“BAT”，采用的全都是聚钱的商业模式。而在世界五百强企业当中，超过 90% 的企业也都采用的是聚钱的商业模式。很多时候，选择比努力更加重要。所以，一个企业想要改变自己的基因，让自己做大做强，就必须使用聚钱的商业模式。

但是在当今时代，企业想要在线下开展聚钱的商业模式已经非常困难，面对互联网的冲击，很多线下实体产业已经举步维艰。这时就需要企业老板动用自己的互联网思维，将互联网思维和聚钱商业模式相结合，就能够产生意想不到的变化。

互联网思维 + 聚钱模式

在我看来，互联网思维并没有多复杂，它的核心只有四个字：免费、颠覆。如 360 杀毒、淘宝等，我们对这些互联网产物进行仔细分析之后，就会发现他们的核心就是免费和颠覆。

奇虎 360 成立于 2005 年，是主营 360 杀毒为代表的免费网络安全平台公司。在 360 出现之前，杀毒软件众多，不过绝大多数都是收费的，瑞星、金山、卡巴斯基等杀毒软件就是当时的行业巨头。

360 在成立之初规模非常小，只有 20 多人的研发团队，和当时杀毒软件的巨头们完全无法相比。但就是因为它采用杀毒软件免费的模式，短短 7 年时间，360 成为杀毒软件的行业巨头，市值超过 2000 亿元。

建立企业根本的目的是盈利，360 也是如此。之所以在杀毒软件上免费，是因为360在当时还颠覆了盈利的模式。360杀毒软件是免费的，拥有庞大的用户群体。这些用户在使用360杀毒软件时，通常还会使用360浏览器、360搜索引擎、360软件管家等一系列360互联网平台产品，从这些平台产品上360就可以实现盈利。

总结下来，360崛起的模式就是免费+颠覆+聚钱，而免费+颠覆是互联网思维的核心，所以它的模式也就是互联网思维+聚钱的模式。

淘宝可以说是互联网产业兴起的代表性产物，而最早淘宝就是免费模式，用户可以免费在淘宝开店，它的出现颠覆了传统企业对销售的认知。同时它还是一个平台，自己不经营产品，是典型的聚钱商业模式。免费+颠覆+聚钱，也就是互联网思维+聚钱的模式。

类似的例子还有很多，腾讯微信如此，百度搜索引擎也是如此，仔细分析，这些互联网龙头企业的标志性产品都是互联网思维+聚钱模式的产物。

传统企业如何运用互联网思维+聚钱模式

我有一个客户是生产水床的，企业成立了7年时间，规模不大，有20多个业务员，一直采用传统的线下销售模式，主要客户是四五星级酒店。

水床的价格普遍较高，客户的水床销售价格是一张床7500元。这个水床的成本大概在1500元，也就是说一张床的毛利大概是6000元，利润比较可观。

但是虽然算起来利润不错，但是客户业绩却一直做不上去，养了20多个业务员也没有什么用，每年赚的钱也就刚好维持企业正常运转。所以客户想要改变商业模式，走线上销售的路线，这才找到了我。

在了解了客户具体情况之后，我没有让客户走常规的线上网络营销路线，而是给客户设计了一套全新的商业模式，改变客户企业的成长“基因”。

在我设计的模式里，首先客户不再直接销售水床，而是将售价7500元的水床免费赠送，并且不限量。

水床免费赠送给酒店之后，酒店会专门给有水床的房间设定一个价格。例如，普通的大床房价格是300元，那么有水床房的大床房价格可能就是350元（具体价格根据酒店情况有所不同）。多出来的50元，酒店和水床厂家五五分成。

免费赠送也会带来一个问题，即企业现金流紧张，并且对酒店缺乏监督。所以在和酒店合作时，酒店需要付3000元的押金，3年之后连本带息全部返还，并且3年之后水床归酒店所有，客户也不再参与分成。

另外，在和酒店达成合作之后，还可以将酒店发展成水床的代理商。酒店在做水床体验式营销上有天然的优势，用户可以通过入驻酒店去全方位地感受水床，而不是像在商场里购买只能短暂地试躺。

水床市场销售价格是7500元，客户给酒店的代理价格只需要3000元，销售价格还是按照7500元的市场价格，这就意味着每销售一张水床，酒店就有4500元的利润。并且酒店每销售一张水床，客户还额外给服务员提成500元，这就充分调动了酒店服务员卖水床的积极性，将服务员也发展成为自己的免费业务员。

最后，客户还可以在酒店免费投放水床广告，酒店也是非常乐意的，因为水床销售了酒店也有利润。

对于酒店来说，即使买普通的大床，也需要花两三千元，现在只需要押3000元就可以得到水床，只需要和他人平分由水床带来的额外收益，3年之后水床还能够归自己所有，酒店完全不承担任何风险。因为即使最后押金没有退回，酒店还能得到一张价格7500元的水床。并且酒店还可以通过销售水床创造利润，这是一件稳赚不赔的事情。

而从我的客户角度来看，水床的成本只有1500元，即使酒店毁约，不愿意分成，客户还保留3000元押金，这样一张水床还可以赚1500元。并且每张水床都有3000元的押金，这就代表客户开展这个模式初期基本不需要资金投入，只需要找到合作酒店就可以了。将酒店发展成为代理商，客户更不需要承担任何风险，酒店每销售出去一张水床要给客户3000元，除去生产成本1500元和给服务员的提成500元，每张床的利润就是1000元，利润率是33%，也是非常不错的。

通过这种模式，我的客户一年时间做了5100万元的业绩，并且还让132个酒店成为企业的代理商，2600多个业务员成为企业免费的业务员，一年至少60万次以上的精准广告曝光量。

这个模式就是典型的互联网思维+聚钱模式。水床免费送酒店，这就是免费。盈利方式是同行从来没有尝试过的，这就是颠覆。水床企业不自己销售，只给酒店提供水床，只要酒店用户使用水床或者购买水床，企业就有钱赚，这就是聚钱商业模式。我的客户通过这种模式彻底完成了商业模式的变革，让企业的基因由侏儒鲨鱼变成了鲸鲨的基因。

其实网富现在使用的模式和我给水床厂家设计的模式是一样的：网富对合作的企业所有东西都是免费的，包括建站、推广、网络营销、微营销等，这些全部免费，因为单纯做这些并不赚钱。在免费赠送完这些之后，企业产生了收益，再和网富进行分成。这样企业有收益，网富的收益也要比单纯销售建站、推广等产品的收益要高，形成了双赢的局面。所以网富现在的合作模式就是免费+颠覆+聚钱的商业模式。

实际上，传统行业+电子商务就等于创新的商业模式。比如，互联网+传统集市就是淘宝，互联网+传统百货就是京东，互联网+传统交通就是滴滴，互联网+传统银行就是余额宝。

如何设计自己的商业模式

设计自己的商业模式首先要搞清楚九个问题，企业只有找到这九个问题的答案，才可以开始设计自己的商业模式。这九个问题分别是：

- 你是谁，你拥有什么？（你的核心资源）

- 你要做什么？（你的关键业务）
- 你怎么样帮助他人？（你的价值主张）
- 你准备如何和他人打交道？（你的客户关系）
- 你能够帮助谁？（你的客户细分）
- 你要付出什么？（你的成本结构）
- 谁可以帮助你？（你的重要合作伙伴）
- 怎么样宣传自我？（你的营销渠道）
- 你能够得到什么？（你的盈利来源）

在找到这九个问题的答案之后，对设计企业商业模式也就有了大概的思路。

◎ 盈利模式定位

企业盈利模式用最通俗的语言解释，就是企业依靠什么来赚钱，其中包括销售什么、销售给谁、如何销售。

影响一个企业是否能够走向成功的因素有很多，盈利模式是其中最为重要的因素之一。传统企业在过去通常都有自己固有的一套盈利模式，如果没有，那企业也不可能生存到今天。现在所有传统企业都必须转型互联网，这在之前的内容中我们已经提到过。传统企业转型互联网需要重新设计自己的销售模式和营销模式，这就意味着在转型互联网的同时，企业盈利模式也需要重新定位设计。只有找到一套适合自己的网络盈利模式，企业才可能转型成功。

优秀盈利模式的三个特点

我做网络营销多年，给数百家不同类型企业设计过盈利模式，因此，总结出了优秀盈利模式的三个特点。

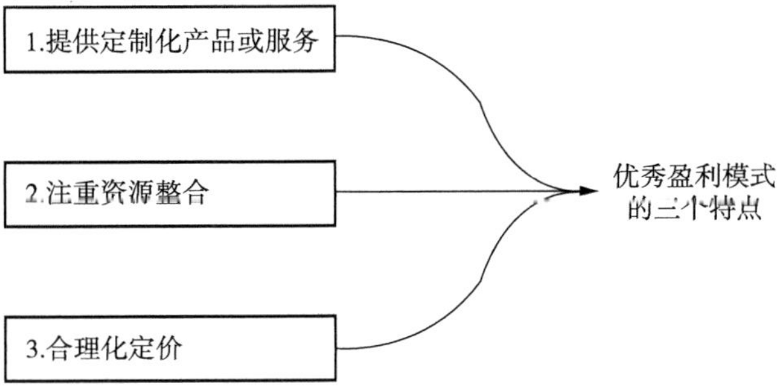

图3－4 优秀盈利模式的三个特点

1. 提供定制化产品或服务

互联网时代是买方的时代，哪个企业能够满足消费者需求，就能够获得消费者的青睐。不同消费者的需求各不相同，因此，企业就需要提供定制化的产品或者服务来满足不同消费者的需求，而不是提供模板化的产品或者服务。

我有一个广州的客户是做服装生意的，做了已经有十几年了。过去，广州的服装生意还是非常不错的，生意很好做，利润也非常高。但是自从电商出现之后，实体销售业受到极大的冲击，我的这个客户也是如此。生意一天比一天难做，利润越来越少，并且还经常被客户押款。

这个客户找到我之后，我就开始帮他运营企业，展开全网营销，并且让他先分出一部分生产资源，为消费者提供个性化定制服务。例如，夏天的T恤消费者想要印上个性化图案，只要消费者提供图案，企业就可以做，这个非常简单。即使消费者只买一件他也做，只是价格上稍微提高一点，也在消费者可以接受的范围内。而到了冬天，他还提供棉衣定制服务，消费者将自己的身材尺寸告诉企业，再说出自己的要求，就可以做出消费者想要的棉衣。这就充分满足了消费者的个性化需求。

结果现在这个客户已经不做传统服装生意了，因为他觉得太难做了，利润还非常低。现在他已经把全部生产资源都投到了个性化服装生产上面。

2. 注重资源整合

每个企业都有自己的优势，在全网营销时，企业要做的就是放大自己的优势，提供自己的核心竞争力，继而提高企业的盈利能力。

那么企业如何放大自己的优势呢？这就需要去整合资源，集中力量只做自己优势的事情，将非优势的事情交给专业的人去做，这样就可以放大企业的优势，同时也能减轻企业负担，实现轻资产运营。

3. 合理化定价

产品价格是影响消费者选择的关键因素，也是决定企业盈利能力的重要因素。在一套优秀的盈利模式当中，产品的定价必然是经过详细策划产生的。这个定价既要考虑产品的成本，又要考虑消费者对价格的接受能力，同时还要考虑竞争对手的产品价格，此外影响价格的因素还有很多，如市场环境因素、企业营销模式因素、企业长期战略因素等。

企业只有将上面这些影响产品价格的因素综合考虑，才是合理化的定价。

影响盈利模式定位的关键因素

盈利模式涉及企业的方方面面，所以在对盈利模式进行定位时，企业需要考虑下面几个影响盈利模式的关键因素：

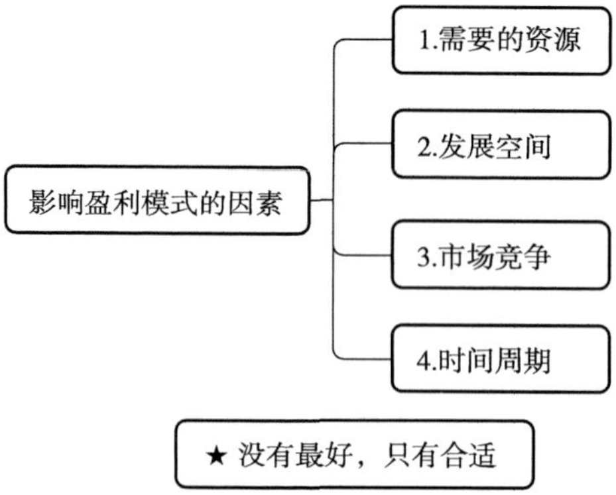

图 3－5　影响盈利模式的因素

1. 需要的资源

盈利模式需要企业提供资源支持，这里的资源包括多方面，其中最为重要的四点就是人员、资金、品牌和技术。

人员：任何一件事情都需要人去做，企业想要做一件事情，有好的方案、好的机会，但是没有适合的人去做，那就等于零，企业的盈利模式也是如此。

无论企业的盈利模式设计的有多么优秀，要让其发挥作用，就需要适合的人去做。而且盈利模式涉及企业多个部门，每个部门都要有适合的人员参与其中。所以，人力资源是企业在定位盈利模式时需要考虑的。

资金：几乎企业的所有营销行为都需要资金，没有资金，企业只能呆呆地站在原地，什么都做不了。每个企业都希望有足够的资金来实现自己的所有营销计划，但从另一个角度来看，如果企业在营销中需要多少资金就有多少，那也就不需要什么营销方案了。因此，在定位盈利模式所需资源时，企业还需要考虑资金因素。

品牌：品牌将直接影响消费者对企业的信任，对企业营销活动也会有重要影响。

技术：企业技术决定了提供产品或者服务的竞争力，会直接影响企业的盈利模式。

2. 发展空间

企业在选择盈利模式时，还要考虑市场的因素，如所在行业未来的市场发展空间如何。

例如，一个企业想要做一个类似淘宝的 C2C 销售平台，这很明显就没有考虑未来市场的发展空间。因为如今类似的传统销售平台已经被阿里巴巴垄断了，即使是腾讯这样的巨头在这方面的尝试都以失败告终，所以，对于中小型企业来说，该市场未来的发展空间非常小。

其实电商崛起就是因为实体销售未来的市场发展空间越来越小，所以众多传统企业才想要转型。

我有一个客户，他最早是做服装批发的，最近两年服装批发生意不好做了，于是准备转型。转型是好事情，但是他转型的方向却是准备开品牌服装加盟店。好在我知道的比较早，客户的转型只是在准备阶段，还没有投入多少资金。要知道，最近几年实体门店已经是哀鸿遍野，闭店潮年年扩大，在这种情况下还想进入实体零售业，简直是将企业往死路上带。

3. 市场竞争

无论什么样的盈利模式，都存在市场竞争。有竞争企业在定位盈利模式时就必须考虑这一因素，评估盈利模式未来的竞争力如何。

例如，一个企业是做批发销售的，客户群体可能是中间商，也可能是个体经营者，还有可能是直接消费者。企业在定位盈利模式时，就要考虑无论中间商、个体经营者还是直接消费者会从什么渠道来购买产品？有哪些同类产品也在使用这些渠道？

对于自己的竞争对手，企业要有充分的了解。例如，企业使用某种盈利模式，主要竞争对手是谁？他们目前的市场占有率是多少？互联网口碑如何？和他们相比，自己的竞争优势在哪里？

只有企业有足够的竞争力，才能立足于市场。可能一部分企业感觉现在行业竞争激烈，产品同质化严重，自己没有什么竞争优势。其实企业在定位盈利模式时需要评估市场竞争，并不是说只分析竞争对手的情况这么简单，还要根据竞争对手情况来分析自己，如果当下企业没有竞争优势，就需要通过盈利模式提高企业竞争优势。

例如，在影响盈利模式的三个特点中我提到的定制服装的案例。在我了解了客户情况之后，就意识到在互联网时代，他的企业已经不具备什么竞争优势，所以就通过做网络营销外加提供个性化定制的方式，提高企业的竞争力。

4. 时间周期

盈利模式从开展到为企业带来收益需要一定的时间，不同盈利模式的时间周期各不相同，并且差异非常大。盈利模式的时间周期对企业现金流会有直接的影响，并且时间周期也和盈利能力相关。同样是盈利 100 元，一种模式需要一天，一种模式需要 10 天，那第一种模式的优势就非常明显了。

所以企业在定位盈利模式时，还需要结合自身资源去考虑。同样一种盈利模式，一个企业就能用得风生水起，另一个企业用了一段时间却举步维艰，这有可能就是盈利模式周期所导致的。

例如，房地产行业。万科在杭州良渚文化村项目从拿地到最后开始盈利，周期长达 10 年之久。虽然如今项目盈利能力以及前景都非常客观，但是这样的项目别说其他规模小点的地产企业，就是万科自己都没有第二个，因为盈利周期实在太长。

规模小点的地产企业投资一个项目 10 年不盈利，那很可能就倒闭了。而对于万科来说这个项目周期太长，风险也就会变高，这样比较下来，收益也就不是非常高了。

没有最好，只有适合

通过对上面四个定位盈利模式需要考虑的因素分析，我们就会发现，对于企业，没有哪种盈利模式是最好的，可以让不同企业都学习使用，只有最适合自己企业的盈利模式。

不同行业的企业盈利模式不同就不必说了；同一行业的企业战略目标不同，盈利模式也会有所不同；同一行业、同样的战略目标，企业运营模式有所不同，盈利模式也会不同；即使行业、战略目标、运营模式都相同，企业资源有所不同，盈利模式还是不同。

所以，企业在盈利模式的定位上，要经过细致的考虑再做出决定，而不是盲目复制他人的模式。

◎ 案例：颠覆不被看好的论坛营销，如何只用2000字带来200万元的业绩

企业做网络营销首先需要找对方向，如果一个企业没有找对方向就开始做，结果就是做得越多，离目标就越远。

我曾见过很多家企业因为看到网络营销大潮到来，便匆忙开始做网络营销。这些企业在做之前没有任何策划，也完全没有打造品牌的概念，只是一味地投钱推广，最终这些企业的网络营销无一不是草草收场，几乎没有什么效果。

所以，企业想要做网络营销，首先要记住这样一句话："无策划不推广，无品牌不营销。"

我做过一个项目，客户是做综合度假酒店生意的，酒店位置在北京小汤山，已经经营了十几年。

最初这个度假酒店主要是做政府接待，是政府指定接待单位，这方面的业绩占到总业绩的90%以上。不过随着2012年中央八项规定出台，这个酒店的生意一落千丈，酒店老板不得不寻求转型，开始转向接待散客。

和之前做政府接待不同，接待散客需要大量的营销推广，这就必须做网络营销。酒店在决定转型之后，也自己组建了网络营销团队，拓展网上业务。这样尝试了一段时间，营销费用花了很多，不过效果却很一般。2013年初，这家酒店想要借助春节进行一次营销活动，但是资金非常紧张，没有太多钱用于网络营销，最后他们找到了我，想让我帮他们策划一个比较经济又有效果的营销活动。

做过网络营销的人都了解，传统网络营销是一件非常烧钱的事情，当时这家酒店是承担不起这个费用的，微信营销在2013年时处于起步阶段，

还不够成熟，所以我在详细了解酒店情况之后，决定使用论坛营销的方式，来完成酒店的春节营销。

这家酒店的老板在刚听到我想要采用论坛营销的方式时，觉得非常不靠谱，因为他说自己也用过论坛营销的方式，专门雇人在论坛上发布酒店信息，但是没有任何效果。其实这位老板的做法就是典型的没有策划的网络营销，简单地以为论坛营销就是在论坛里发广告。

如果在论坛中发布诸如"××酒店春节大优惠"这样的帖子，我们先不考虑这样的帖子有多大的概率不被删除，只是站在浏览者的角度看待帖子，有多少人会关注这样的帖子呢？相信关注的人会非常少，更别说通过帖子实现最终的成交。

在我给酒店策划的论坛营销当中，有一个非常关键之处，这就是蹭热点。简单来说，蹭热点就是帖子要与当下热点、实事相结合，这样的帖子才有人想要去关注。例如，2017 年初，中国和韩国因为"萨德"事件吵得沸沸扬扬，韩国的乐天玛特超市也因此被推到了风口浪尖上，中国一家做辣条的企业就抓住了这个热点，在网络上发消息表示自己的所有产品都已从乐天超市下架，并高喊"一根辣条（卫龙生产的零食）都不给乐天留"。短短几天时间里，这家企业就被全国网民所知晓。这就是典型的蹭热点营销。

2013 年临近过年，当时有两件事情非常热门，一件是抢火车票，另一件是赵本山不上春晚了。所以酒店营销帖子的名称就被定为《买不到火车票！赵本山的过年计划！》。下面是帖子的部分截图：

图 3－6　论坛截图（1）

泡个温泉

图 3－7　论坛截图（2）

还要再滑个雪

图 3－8　论坛截图（3）

图3－9 论坛截图（4）

图3－10 论坛截图（5）

这个帖子在发布之后，很多人都觉得非常有意思，帖子被大量转载，半个月的时间，帖子阅读转载量超过了千万，酒店的曝光量也因为这个帖子大幅提升，直接带来了200多万元的网络销售业绩。

◎ 附录1：企业的产品/服务初步分析表格

企业产品/服务的初步分析

一、产品或服务分析

问题1：企业有哪些产品或服务？

答：________________

问题2：什么产品/服务卖得最多？

答：________________

问题3：你想通过网络主推什么产品/服务？

答：________________

问题4：主推什么产品或服务更有竞争优势？

答：________________

二、分析你的主推产品或服务特点

1. 产品的特点有哪些________________

____

2. 产品最突出的特点是什么________________

____

3. 产品最适合消费者需求的特点是什么________________

____

4. 产品的哪些特点还不能满足消费者的需求________________

____

◎ 附录2：企业的商业模式分析表格

商业模式分析

1. 你的企业在产业链中处在什么环节？

答：____

____

2. 你的企业通过什么途径或方式来赚钱或怎么赚钱？

答：____

____

3. 可选择的效果营销商业模式

☐ B2B 向企业提供产品或服务，赚企业的钱

☐ 直接在线零售赚销售差价，赚个人的钱

☐ 批量定制赚采购货款，赚企业的钱

☐ 大批量批发赚进货款，赚企业的钱

☐ 招代理赚加盟费或进货款，赚企业的钱

☐ 建平台赚广告费，赚企业的钱（前期需要海量投资）

☐ 建平台赚会员费，赚会员的钱（前期需要海量投资）

☐ 其他方式____

____

3.2 精巧策划：营销策划，策的就是消费者的“心”

◎ 情感营销：如何把一颗大枣卖出100倍的价格

一个普通的大枣能卖多少钱？我们在购物平台上搜寻的话，会发现大枣都是论斤卖的，核算下来一个也就几毛钱，不过这些都只是没有经过策划的大枣。一个经过策划的大枣能销售多少钱？答案是7.3元。而且在每人只限购9个的前提下，3天时间销售额达到172万元，利润高达130万元，这就是策划的力量。

2014年情人节前夕，一个做干果的客户联系到我，让我帮他做一次情人节产品营销。从表面来看，干果似乎和情人节没有什么关系，因为情人节有送鲜花，有送礼品的，没听说有谁送干果的，其实这就是没有找到正确的定位产品价值链。

举个最简单的例子，玫瑰花一直都和爱情相关联，但从玫瑰花本身来看，它和爱情有关联吗？一点关系都没有，和爱情相关联就是玫瑰花的价值链定位。所以，产品价值链定位需要企业去用心思考，不能局限于产品本身。

在接到这个项目之后，我对客户主打的几种产品进行分析，思考如何将它们和情人节关联，之后就设计出了情人节专属的礼盒“枣想核你在一起”，将其定位成年轻人之间表白的礼物。

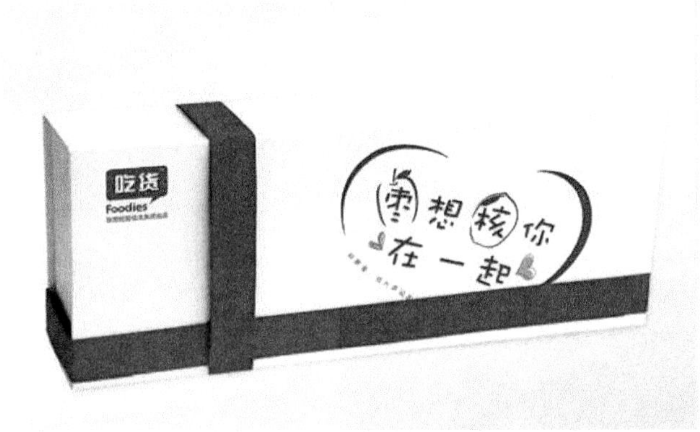

图 3-11　枣想核你在一起

通过这种策划，红枣和情人节产生了联系，其价值链定位就是表白爱情。

策划完产品，接下来就是线上营销。情人节历来都是微博上的热门话题，因此，这次线上营销主战场定位在微博平台上，展开微话题，让合作大V帮助转发，一时间，“枣想核你在一起”成为微博平台的热门话题。在营造出了热烈的气氛之后，这款产品在天猫、京东、1号店等10个电商平台同时上线，每个平台限量1314（谐音一生一世）份，售价为131.4元。天猫平台上线的礼盒不到3小时便被一抢而空。

这次情感营销活动额最终成绩是在3天时间里，一共销售了172万元，利润在130万元左右，整个营销非常成功。

◎ 创意营销：如何把卫生巾卖给男人

在现在这样一个市场竞争激烈，并且无论是产品还是营销都同质化严重的环境中，创意对营销的作用不言而喻。一个好的创意可以实现一分投入十分回报，甚至是百分回报的结果，给企业带来意想不到的收获。我就做过这样一个创意营销案例：把卫生巾销售给男人。

我有一个合作企业的老板姓张，是一位大姐。早年她是普通上班族，50岁退休之后，在家闲着没事做，就想着自己进行创业。经过前期市场调查，她发现卫生巾的市场不错，需求量很大，于是自己着手注册公司，建立品牌，寻找合作生产伙伴。经过几个月的时间，产品出来了，问题也随之而来了。

卫生巾这种产品首先选择的销路就是商超，可是张总的产品进商超就遇到了麻烦。因为是小品牌产品，没有什么知名度，所以，大型商超都进不去。于是张大姐只能选择一些小型商超。小型商超虽然可以进去，但是毕竟是小品牌，无法和大品牌竞争，产品也都被摆放在非常不好的位置，销量很不好。

线下走不通，那就线上路线，于是张总又花了不少钱，在天猫上开了一家店铺，开始主打电商。事实证明小品牌在传统线下无法和大品牌竞争，在传统线上同样也无法和大品牌竞争。有做过天猫或者淘宝的人都应该知道现在的竞争有多激烈，可以说对小卖家是非常的不友好。张总的产品就这样在天猫上销售了半年多，虽然没有亏本，但是基本不赚钱。在几番尝试没有效果后，张总通过朋友介绍找到了我，让我帮她进行营销策划。

开始接触到这个项目后我的营销团队也比较头痛，张总当时要品牌没品牌、要资金没资金、要团队没团队，进入的还是这样一个竞争非常激烈的日用品市场。在这种情况下，常规营销策略肯定很难有效果，只有另辟蹊径才能找到出路。经过分析后，营销团队发现了一个特点：卫生巾绝大多数是女性购买，很少有男性购买。这时策略就出来了，所有卫生巾企业都会将目标集中在女性身上，而忽略了男性群体，所以，营销策略就可以从男性群体入手，将卫生巾卖给男人。

传统卫生巾都是按包卖，营销团队给张总的建议就是将产品做成礼盒套装，在每个礼盒当中都有一封信，信是以男性的口吻写给爱人的，内容是对女性表达爱意和关心呵护，除此之外，每个礼盒里面还有两样小礼物，如玫瑰花、发卡、丝巾等，并且信的内容和礼物每月都不同。

这种礼盒单个售价188元，通常都是按年预订，原本这种策划就非常具有创意，能够吸引消费者注意，再加上线上适当宣传营销，品牌很快就收获了大批忠实粉丝。

从成本角度来看，张总的企业做到这些实际增加不了太多的成本，但是这种策划让产品除使用价值外，还有其他的价值，因此品牌溢价能力得到了很大的提升，并且让男性成为目标客户，这对卫生巾来说，算是一片蓝海市场。

另外，张总的企业走传统的商超路线不但利润较低，账期也让企业资金流受到了影响。而现在产品可以预订销售，这就解决了企业的资金流问题。

最后，产品按照预定订单生产，解决了企业库存的问题，可以实现零库存。

企业想要在产品上产生创意是比较难的事情，所以多数企业就将创意目光集中在营销上，希望通过创意带动产品销售，使产品产生衍生价值。

这个创意营销的思路是正确的，根据这个思路，我们可以总结出，在创意营销中，企业卖的不是产品，而是创意。创意营销，玩的就是消费者的“感觉”。所以，创意营销通常需要年轻人来做，并且要能够脑洞大开。就像上面的案例“将卫生巾卖给男人”，没有脑洞大开的思想是很难想出来的。

◎ 参与感营销：如何把一亩田水稻卖到 2.7 万元

现在越来越多的企业开始意识到让消费者进入企业产品的开发或者销售环节当中，这是一件非常重要的事情。互联网给企业和消费者提供了直接沟通的渠道，让企业可以近距离接触消费者，这是过去商业模式无法做到的。通过这种直接接触，消费者的需求、喜好、意见、想法都可以很快反馈到企业，这就让消费者参与进入产品的开发或者销售环节变得非常简单。

小米的崛起让现代企业第一次真正意识到参与感的作用，而小米“官方”出版的《参与感》一书，更让无数企业牢牢记住了参与感，使参与感成为互联网营销的重要组成部分。

那么企业要带给消费者哪些体验才能带来参与感呢？答案是三个方面：

（1）让消费者参与到营销活动当中；

（2）让消费者参与产品的生产研发；

（3）让消费者参与企业的运营管理。

只要企业可以满足其中一点，就可以为消费者带来参与感，促进品牌的传播和产品的销售。

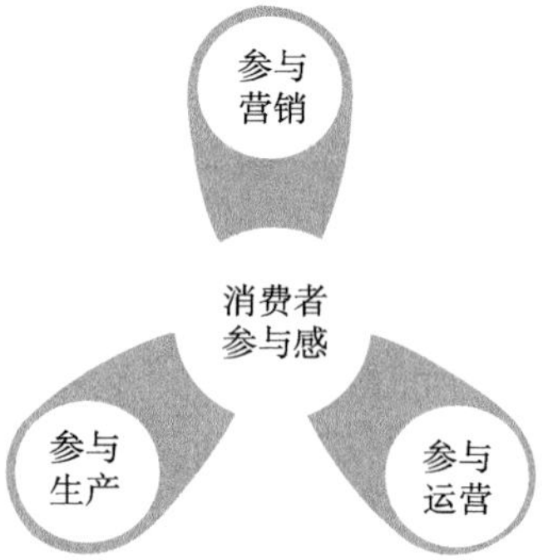

图 3－12　哪些体验能够给消费者带来参与感

企业营造参与感的三个要素

企业在营造参与感时需要考虑三个要素，同时满足这三个要素后，企业的营销才会得到预期的效果。

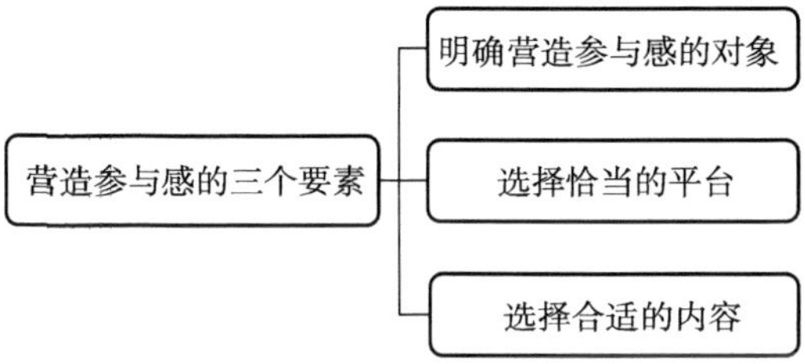

图 3－13　营造参与感的三个要素

要素 1：明确营造参与感的对象

消费者是营造参与感的最关键要素，不同消费者群体对参与感的要求也不一样，因此，企业在营造参与感之前，先要准确定位消费者，明确营造参与感的对象是谁，他们有什么特点、对产品有什么需求。对消费者的定位越精准，参与感营销就越容易取得效果。

要素 2：选择恰当的平台

在明确参与感的对象之后，企业接下来要做的就是找到一个开展营销活动的平台。在移动互联网已成为趋势的今天，社会化媒体平台是最好的选择，其中最主要的两个平台就是微信和微博。

微信和微博是如今最为火爆的两个社会化媒体平台，其中微信用户数量庞大，数量已经超过 9 亿，而微博用户也超过了 4 亿。在用户群体上，微信的年轻用户比例更高，微博相对成熟的用户较多。

多数企业在开展社交平台营销活动时都是两个平台共同进行，不过毕竟两者在用户群体上略有差异，开展营销活动的模式也有很大的不同，所以企业可以根据具体情况，选择一个适合的平台主力推广，另一个平台则起到辅助作用。

要素3：选择合适的内容

营造参与感是属于内容营销的一种，所以营销活动的核心在于话题的制造。

在过去传统营销当中，成本是非常昂贵的。企业想要取得好的营销效果，就需要付出巨大的资金成本才可以实现。而在社会化媒体平台上进行内容营销，企业付出多少资金其实并不重要，重要的是话题的创造。

有了好的话题，再加上出色的运作能力，营销活动才能吸引消费者的注意，占领消费者的时间。如果没有好的话题，一切都是空谈。

东北大米很多人都喜欢吃，也非常有名，我的一个客户就是做东北大米生意的。

客户的企业最初做东北大米生意还可以，但是最近几年生意开始逐渐下滑。一方面，因为现在的东北大米市场竞争越来越激烈，产品同质化严重；另一方面，喜欢东北大米的人很多，东北大米的价格和普通大米相比也较贵，这就让一些人开始动歪脑筋，出售一些假的东北大米，这让很多人开始对商家销售的东北大米持怀疑态度。

了解了东北大米市场的情况，在经过分析策划之后，我就建议客户不要再直接销售大米了，可以尝试销售水稻。水稻也不是按重量销售，而是以种植面积来销售。产品的价值链就在正宗、有机、纯天然和参与感上。

我让客户先将一亩田分成4份，每份的产量差不多就是一家三口一年大米的消耗量，售价6800元。

销售水稻并不是说直接将水稻拿去卖给顾客，而是在水稻种植时就先划分好，每份水稻上都设有标牌，上面写着哪个顾客拥有这份水稻。从水稻插秧开始，每星期顾客都会收到水稻生长的照片或者视频，顾客也可以亲自到种植基地去参观自己购买的水稻。

水稻整个种植的过程是纯有机种植，不打农药不施化肥。因为传统水稻打农药、施肥、打蜡都是为了增加大米的产量，提高大米品相，好为企业创造更高的利润。但在这个营销策划中，企业销售的不是大米，是水稻，并且是按份销售，不是按照产量，这就完全可以打消顾客对是否真有机的顾虑。

水稻在收割之后，会用真空包装好，直接送到顾客手中。顾客直接拿到水稻是没有办法食用的，所以在将水稻交给顾客的同时，还会附赠顾客一台碾米机，对水稻进行脱壳处理，变成可以食用的大米。

现在我们站在顾客的角度来看待整个过程：水稻是自己看着长大的，最后得到的大米是自己亲手用水稻磨出来的。这样的大米顾客吃起来自然有不一样的感受，因为顾客参与了水稻种植的整个过程，这让顾客对最后得到的大米产生了一定的情感。

而从企业角度来看，一般水稻亩产是 800 ~ 1000 斤，水稻收购价在 1.85 元，我们就按 2 元来计算，亩产也就 2000 元。而在经过策划之后，1/4 亩田水稻销售 6800 元，一亩也就是 27000 元，并且成本还没有增加太多，这就大大提高了企业的盈利能力。

◎ 借力营销：借力凭好风，送我上青云

什么是借力营销

借力营销就是在一个消费者喜闻乐见的环境中展开营销，并且将销售目的融入营销活动中，让消费者在这个环境下了解产品、接受产品。

企业在使用借力营销时，通常会利用媒体吸引消费者的关注，然后利用消费者自身的影响力去实现企业提高产品或者品牌知名度、打造品牌良好形象，最终实现促进产品或者服务销售的目的。

在实际应用当中，企业可以通过活动营销、热点营销的方式有针对性地进行宣传造势，再利用社会化媒体工具进行传播，吸引大量消费者参

与。普通消费者在参与后，又可能会产生新的内容，再次进行传播，企业品牌或者产品的信息也会随之得到传播，实现裂变式传播。

借力营销并不是移动互联网发展下的新鲜事物，只不过移动互联网给借力营销提供了新的思路和传播途径。在过去移动互联网还没有兴起的时候，企业的借力营销信息传播只能依靠自然传播，很难形成裂变。

随着移动互联网的兴起以及微博、微信等社会化媒体平台出现，信息传递的速度远高于过去，社会化媒体平台就成为借力营销的主战场，借力营销也成为网络营销最常用的方式之一。

企业如何玩转借力营销

借力营销现在几乎成为网络营销企业的标配，但是真正能够让大量消费者看到并且留下印象的借力营销却比较少，这是因为很多企业在使用借力营销时，只是简单地将自己的品牌或者产品信息和所要借的“力”拼凑起来，然后进行传播，这样自然没有效果。

在2017年初，有一个原本不知名的企业通过一次典型的借力营销变得全国闻名，并且还受到人民日报官微点赞，它就是做辣条的卫龙食品。卫龙的借力营销虽然看上去非常简单，用一篇微博就完成了，但是这确实是一次非常出色的借势营销。而从这次借势营销中，我们就可以总结出企业策划借力营销时需要注意的几个要素：

要素1：选择恰当的“力”

企业借力营销并不是只求借的“力”足够火，更重要的是能够将“力”的核心点、公众情感倾向以及企业营销诉求完美地融合在一起。

例如，卫龙食品抓住的中韩“萨德”事件。这次事件在当时是非常热门的话题，众多网民也非常关心这个话题。卫龙抓住了这次事件，并且成功迎合了网民的情绪，大幅提升了企业品牌在消费者心中的形象。

“杜蕾斯”在借力营销方面可以说是标杆性的企业，只要有机会就借力营销，并且杜蕾斯还非常善于借力，比如 2016 年 4 月的直播借力营销。2016 年被称作直播元年，直播行业可以说是火得不能再火了，杜蕾斯就借助了这个力，开展了营销活动。虽然对于这次营销内容网上褒贬不一，但是只从营销角度来看，效果是非常成功的，因为活动结束之后的几天时间里，微博、朋友圈一直在被杜蕾斯刷屏。

要素 2：抓住时机

现在是一个信息爆炸的时代，无论一个事件当下有多热门，吸引了多少人关注，如果错过时机，事件的热度很快就会降下来，失去作用。

如同思科 CEO 钱伯斯的那句名言：现代竞争已不是大鱼吃小鱼，而是快鱼吃慢鱼。在网络营销中机会可以说是稍纵即逝，这就要求企业营销人员必须有非常敏感的嗅觉，看到一件事情可以在第一时间就能判断事件是否会成热点。如果答案是肯定的，就立刻开始策划活动，一切准备工作完成后，再等待适合的机会开启营销。

卫龙食品选择的时机就非常恰当。当时因为韩国乐天出售土地给政府部署萨德，中国乐天超市立刻被口诛笔伐，网民们的情绪都被点燃了。在这个时机卫龙开启了自己的营销，是非常恰当的。

要素 3：差异化营销

企业产品需要寻求差异化，营销活动同样也需要差异化。一件事情在众多网民关注的同时，还有无数企业也都在关注，都希望抓住时机进行借力营销。为了避免营销同质化，企业在策划时一定要考虑差异化，做到与众不同才能吸引更多人关注。

卫龙的差异化就在于多数人想的都是抵制乐天，不去乐天消费，而卫龙的口号却是“一根辣条都不给乐天留”，这个口号不但和自己的产品联系起来，还形成差异化。

要素4：全平台传播

借力营销的主战场是微博和微信，这点之前已经提到过。但是在推广活动时，为了吸引更多消费者的注意，实现裂变传播，企业还需要善于利用其他媒体平台进行宣传推广，实现全平台传播，扩大传播的效果。

卫龙这次营销事件最早就起源于微博，但是因为它抓住了适合的机会，迎合大众的情绪，所以不但被人民日报微博点赞，还被众多媒体平台报道，网友也自发进行传播，这就是全平台传播。

◎ 活动营销：给你的产品制造一个爆点

活动营销的三个特点

在中国，很多企业都将活动营销和营销直接画上等号，其实这是不正确的。活动营销是指企业利用重大社会活动或者对资源进行整合及开展大型活动，从而实现提高企业品牌知名度和影响力，最终实现促进产品销售的营销方式。

活动营销具有三个特点：

特点1：爆发性

一次成功的活动营销就像是爆破工程一样，前期需要做大量准备工作，然后在预定的时刻，突然爆发出来。在营销当中爆发的体现就是在活动计划开启的时刻突然引爆网络，无论是朋友圈、微博还是论坛上都是有关活动的信息，吸引广大网民参与其中。

特点2：时效性

活动营销的核心是活动，活动就有时效性，也就是说在一个时间段内可以产生价值，过了这个时间段就不再发挥作用。根据统计，多数活动营销对于企业产生高价值的时间段是在活动引爆阶段和引爆之后的一周时间内，过了这个时间段，活动营销的效果就会不断下降。

特点3：延续性

一次出色的活动营销虽然受到时效性限制，但是在活动过去之后的很长一段时间里，仍然会对消费者产生影响。例如，消费者在遇见同类营销活动时，就会想起原先的活动体验，这就加深了消费者对企业品牌或者产品的印象。

活动营销的五个阶段

一次出色的活动营销包括五个阶段：

阶段1：策划

在互联网时代，任何营销在开展之前都必须进行周密的策划，确保营销当中的每一个环节都在自己的预测范围内，才能让营销取得预期的结果。

策划首先要明确营销的目的。营销的目的和企业本身要紧密相连，比如提升企业品牌形象、扩大企业的知名度、促进新产品销售等。无论营销的目的是什么，必须要足够明确，并且还要可以量化。因为整个营销活动都需要以营销目的为核心展开，如果目的不明确、不可以量化，活动就很容易偏离最初的方向。

明确了营销的目的，接下来需要确认的就是活动的方式。营销的渠道大致上可以分为线上和线下两种，互联网时代，纯线下的活动营销已经越来越少，更多的是纯线上或者线上线下相结合的营销方式。

线上活动营销需要平台，企业在策划时，要根据企业自身情况和受众群体的选择活动平台，再使用其他平台辅助营销。目前活动营销首选平台基本都是微博或者微信平台，微博就以企业微博账号为活动发起点，微信则以微信公众号为活动发起点，论坛等平台可以辅助进行宣传造势。

活动营销的开展离不开资源支持，企业在策划时需要将所需资源也考虑进去，确保企业资源可以支持营销的开展，并且和付出资源相比较，预期收获是值得的。如果企业有好的计划，但是没有足够的资源，活动营销就难以展开，而活动营销需要投入大量资源，预期收获却相对较少，这就是亏损，也不能进行。

阶段 2：造势

活动营销在开启之前需要提前进行造势，让足够多的消费者知道活动内容，对活动产生兴趣，这样在开启时才能产生爆发的效果。

中国消费者最熟悉的活动营销应该就是天猫的“双十一”活动了。天猫的“双十一”活动在每年的 11 月 11 日开启，为期 24 小时。但阿里集团每年都会提前两三个月就开始为活动造势。例如，大量投放线上线下广告，用媒体或者自媒体工具制造有关“双十一”的话题，提前开启一些小活动（如提前付定金在活动当天可获优惠）等。

天猫的“双十一”活动开启于 2009 年，2010 年京东也发现了活动营销的作用，开启了“618”购物节。在提前造势上，京东也毫不落后，在接近活动开启时，京东都会推出提前预约的活动，同时线上广告也是铺天盖地的，几乎只要上网就可以看到有关活动的推广信息，这些都是在为活动提前进行造势。

阶段 3：引爆

引爆是活动营销的最关键阶段。企业活动主要平台可以根据自身情况进行选择，但是引爆阶段最适合的平台必然是微博，即使活动是在其他平台进行，同样也可以使用微博去引爆活动营销，然后引流到其他平台。

微博平台有易传播、速度快的特点，这也是引爆活动需要的关键条件。为了更好地发挥微博平台的这个特点，企业除了在自己的微博号上进行营销之外，还可以和微博大V进行合作，对活动信息进行转发。如果能够将活动微博打造成热门微博，或者登陆热搜榜，效果就更好了。

阶段4：传播

影响活动营销效果的关键因素之一就是传播。活动信息传播越广，营销效果也就越好。所以企业在引爆活动之后，还要促进消费者对信息进行自发的传播。

让消费者自发传播首先要求活动具有话题性，或者对消费者是有价值的。如果活动对消费者没有价值，也没有话题性，消费者就不会去参与和转发信息，这次营销也就是失败的。

活动具有话题性就是内容要让消费者感兴趣，愿意和他人分享。例如，2016年杜蕾斯举行了一次直播活动营销，这就非常具有话题性，而在活动结束之后的几天时间里，朋友圈和微博都被杜蕾斯的这次活动刷屏了。虽然对这次活动营销的争议一直不断，但是只从营销的角度来看，无疑这是一次非常成功的活动营销。

简单地说，有价值就是活动内容对消费者是有用的，所以消费者才会愿意去传播给其他人。例如，分享活动信息可以参加抽奖，或者可以获得优惠，这些对消费者都是有价值的。

阶段5：评估

结束活动营销之后，无论是成功还是失败，企业依然有工作要做：收集活动数据，了解消费者对本次活动的反馈，对营销整体进行评估。

通过数据企业可以发现活动营销成功或者失败的原因，是哪个环节出现了问题。例如，参与人数较少，可能就是造势出现问题，或者活动内容无法吸引消费者。如果后期传播较少，可能是因为企业没有和平台意见领袖合作，或者活动内容本身不具备价值，没有话题性。

反馈则可以让企业知道消费者心里在想什么，从而在下次活动中做出改进。

评估还能够让企业知道自己这次活动营销的结果究竟是怎样的，最简单的评估方法就是将投入的资源和带来的流量或者消费业绩进行比较，结果就一目了然了。

3.3 找到目标用户

◎ 消费升级时代的消费者

马斯洛需求层次理论

亚伯拉罕·马斯洛是美国著名的心理学家，1954 年，在《动机与个性》一书中，他将人类的需求层次分为五种，这就是著名的马斯洛需求层次理论，这五种需求分别是生理需求、安全需求、社交需求、尊重需求和自我实现需求。

人的需求层次不同，对消费的观念也就有所不同。所以，通过分析马斯洛的需求层次理论，我们将处于不同层次的消费者的消费观念也划分为五个层次：

第一层：仅关注产品的使用功能和价格，对其他没有需求。

第二层：除了使用功能之外，还对产品便捷性或者舒适度产生要求，同时开始追求大众品牌。

第三层：追求个性化，满足自己的个性化需求。

第四层：不再关注产品使用功能，开始关注产品是否可以满足自己的身份需求。

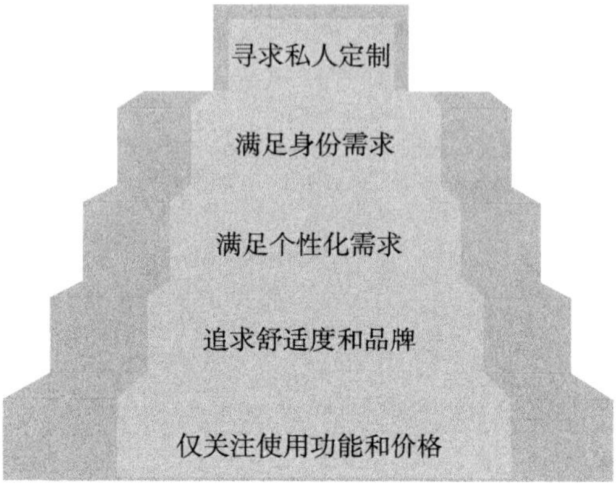

图 3－14　消费者需求层次

第五层：希望参与产品的设计，开始寻求私人订制。

中国消费者的需求层次

如今，随着生活水平的提高，中国绝大部分消费者的需求层次早已超越了生理需求和安全需求，而到了社交需求层次，消费需求层次也就相应地到了第三层，开始追求个性化，满足自己的个性化需求。

所以，如今中国多数消费者在选择产品时，是否可以满足自己的个性化需求是影响选择结果的重要因素，特别是对于一些新生代年轻消费者。

这部分消费者对传统营销手段已经厌倦，对大众品牌也没有什么好感，他们追求的是新鲜、特别、个性化，一旦有这样的产品出现，他们的注意力就会被其吸引。

当然，这并不是说所有企业都必须走满足消费者个性化的路线，因为虽然目前中国大多数消费者处于这个消费需求层次，但是不同企业的产品不同，面对的潜在客户群体也不相同，这就需要企业根据自身情况去判断，然后针对不同需求层次的消费者制定相应的营销方案。

例如，一个企业是做高档西服定制的，那么它的潜在客户群体就处于消费层级的最高级，希望参与产品设计，开始追求私人订制。这些潜在客户不关心产品使用价值，也不关心质量好坏，他们关心的是自己的意见是否在产品中体现，产品是不是为自己量身打造的，同时也会关心产品品牌是否能够显示出自己的身份和地位。因此，在这些企业的营销推广活动中，就不可能将产品质量、产品价格等作为宣传重点，而是要突出私人订制，突出产品的高端，突出身份象征。

所以，企业在开展网络营销活动之前，首先要确定目标客户的需求层次，然后再制定相应的营销策略。

◎ 找到正确的目标客户

企业在做网络营销之前首先要找对方向，企业在寻找订单上也首先要找对方向，找到自己正确的目标客户，如果目标客户没有找对，再怎么努力也是没有用的。

20 世纪 90 年代，巨人集团董事长史玉柱因为建设巨人大厦资金出现问题，其财富从中国内地富豪排行榜前十的位置一路跌成了中国“首负”，欠债 2.5 亿元。在巨人集团倒塌之后，史玉柱就开始推广如今家喻户晓的保健产品“脑白金”，也正是依靠这款产品，史玉柱才重新东山再起，再次回归中国富豪排行榜。

脑白金在刚推出时，为了宣传，同时也为了获得市场一手信息，曾经在江苏江阴市做过一次免费试饮活动，一共免费派发了 2 万瓶脑白金。最初脑白金的目标客户定位在中老年人身上，所以派发活动的参与者也都是中老年人。在产品派发结束之后，接下来就是派市场调查人员收集反馈信息，了解消费者对产品的意见。

调查结果可以说是出乎意料的好，大多数参与活动的消费者都给出了积极反馈，这给了史玉柱巨大的信心，于是他准备将脑白金定价为 68 元，准备正式进入市场。然而在进行价格敏感度调查时却发生了意外情况。虽然试用者普遍反映效果不错，但是这些人很多都是退休人员，经济并不宽裕，68元的价格无论如何他们是接受不了的，毕竟保健品不是必需品。

价格敏感度调查大大出乎史玉柱的意料，为了更详细地了解消费者需求，史玉柱亲自参与调查，其中一位老人的话让史玉柱茅塞顿开。史玉柱在问老人对脑白金的价格有什么意见时，老人回答说："这东西喝起来是不错，我也想一直喝，但是价格太贵了，买不起。如果能免费送就好了。"

就是这句"如果能免费送就好了"让史玉柱开始重新思考产品的目标客户定位。之后，那句中国人耳熟能详的"今年过节不收礼，收礼就收脑白金"的广告语就此诞生，并且一传就是十几年，直到现在也没有停下来。

所以，无论是传统营销还是互联网营销，找到正确的目标客户，再搭配恰当的营销手段，成功就是水到渠成的事情。

◎ 判断目标客户的四个标准

每个行业都有自己的目标客户群体，甚至同一行业不同企业之间目标客户群体也存在一定的差异。不过所有企业的目标客户群体都存在一定的共性，符合这些共性的就是企业的目标客户。

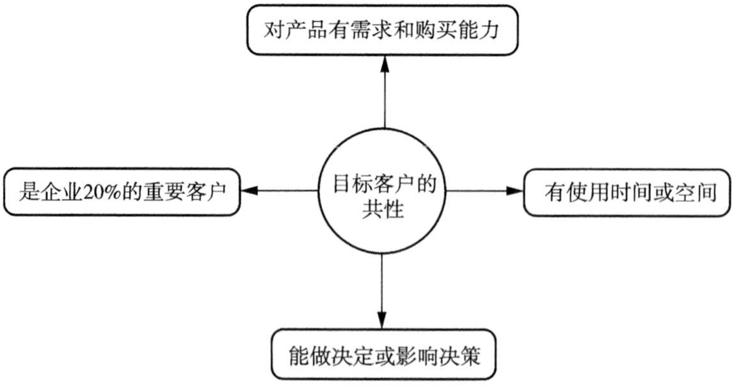

图3-15　目标客户的共性

标准1：对产品有需求以及购买能力

一个人或者群体是否为企业的目标客户，首先要看他们对产品是否有需求。只有对产品有需求，才可能会购买产品。

这是一个非常浅显的道理，几乎所有企业都明白。所以，我着重强调的是需求后面的一点：购买能力。一个人对企业产品有需求并不代表他就是企业的目标客户，最多只能算是潜在客户，因为有需求不代表有购买能力。只有有需求的同时，还拥有购买能力，这个人才可能购买产品。

举个简单的例子：一个工薪族喜欢跑车已经到了如痴如醉的地步，做梦都想要拥有一台跑车。显然，这个人对跑车有需求，但他是跑车4S店的目标客户吗？不是，因为现在他还没有购买跑车的能力，所以4S店就不会在他身上花费太多的精力。

标准2：有使用的时间或者空间

一个消费者对产品有需求，也有购买能力，但是他不一定有使用产品的时间或者空间。例如，一个平时工作非常繁忙的白领，他对健身有需求，也有去健身房消费的能力，但是却没有消费的时间，这样的客户也不属于目标客户，只能算是潜在客户。

又或者一个居住在50平方米房子里的人非常喜欢看电影，在家里也希望有影院效果，所以他对100寸电视有兴趣、有需求，同时也有购买电视的经济能力，但是他绝对不会购买。因为没有使用的空间，所以这样的客户也不能算作企业的目标客户。

标准3：能够做决定或者影响购买决策

所有做过销售的人都明白在跑客户的时候，需求、购买、决策三者往往是三个人。其中决策者拥有做出决定购买决策的权利，而需求者或者购买者有时也拥有影响最终购买决策的影响力。如果一个需求者或者购买者无法对最终购买决策产生影响，那么他也不是企业的目标客户。

标准4：是企业20%的重要客户

并不是所有有购买可能的人都是企业的目标客户，著名的“二八定律”告诉我们，20%的重要客户为企业贡献了80%的业绩，所以，目标客户应该是那些有可能为企业带来80%业绩的重要客户，而不是所有可能购买客户。

因为无论是重要客户还是普通客户，他们最初获得成本都是一样的。例如，企业花费10万元做广告，带来了10个成交客户，那每个客户获得的成本就是1万元。但是在这10个客户中，有客户只购买了10万元的产品，有的则购买了100万元的产品。如果在企业营销预算有限的情况下，自然是开发后者这样的客户更有价值。

在网络营销当中也是同样的道理，每个流量都是通过企业营销推广获得的，一个流量就代表一个潜在客户，花同样的获客成本，有的客户虽然也能够成交，但是给企业带来的利润甚至不够获客成本，有的客户能够为企业带来的利润则是获客成本的几十倍甚至上百倍，两种客户的差距就非常明显了，后者就是企业需要寻找的目标客户。

◎ 如何区分用户和客户

如何获得订单是每个企业老板都在思考的问题，无论采用什么样的营销方式，最终目的也是这个。如何获取订单是一个非常大的问题，本书的最终目的也就是为企业找到这个问题的答案。很多时候寻找问题答案是一个抽丝剥茧的过程，必须要一步步来，不能急于求生。其中一个步骤就是明白两个词的区别，这两个词就是“用户”和“客户”。

在企业中，用户和客户是两个常用的词。然而虽然是常用词，但是多数企业老板都不知道两者到底有什么区别，想起哪个用哪个。两个词语虽然只有一个字的差别，代表的都是和企业订单息息相关的人，但实际上却差得非常远。如果企业老板不懂得这两个词的差别，就很难获得订单。

“客户”指的是直接和企业签订订单，付钱给企业；“用户”则是指最终使用产品的人。也就是说，购买产品的不一定是用户，但一定是客户，而使用产品的一定是用户，但不一定是客户。

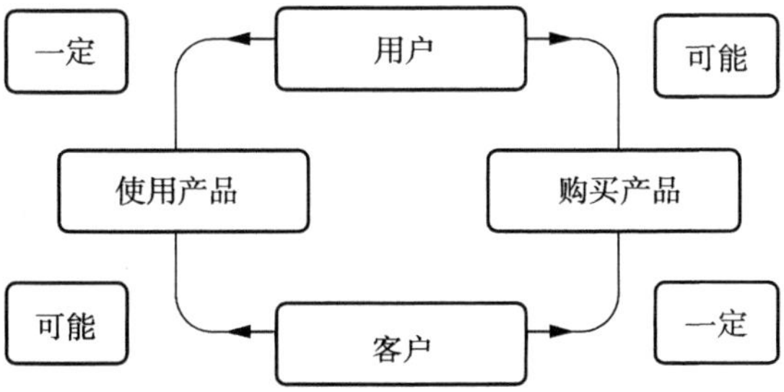

图3－16　用户和客户

用户和客户在使用和购买产品上的不同决定了他们对产品的关注点也不同：用户更关注产品的使用价值，客户则更关心的是产品的价格。

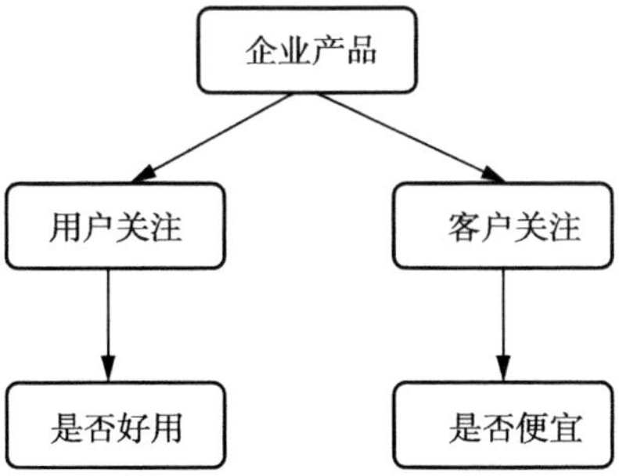

图3－17　用户关注和客户关注

用户是企业产品的直接使用者，因此，用户对企业产品和企业有较为深刻的理解。如果企业和企业产品能够让用户满意，那么他就会对企业品牌产生一定的黏性，成为企业的忠实粉丝。

而客户就有所不同了。客户不一定是产品的使用者，如果一个人不是产品的使用者却购买产品，这种行为很大可能是为了追求利润，这就意味着产品本身和企业本身并不是客户所关注的重点，他更关注的是自己的利润，也就是产品的价格。这也就意味着客户和企业之间的关系相对较弱，产品价格是维系双方关系的重要因素。

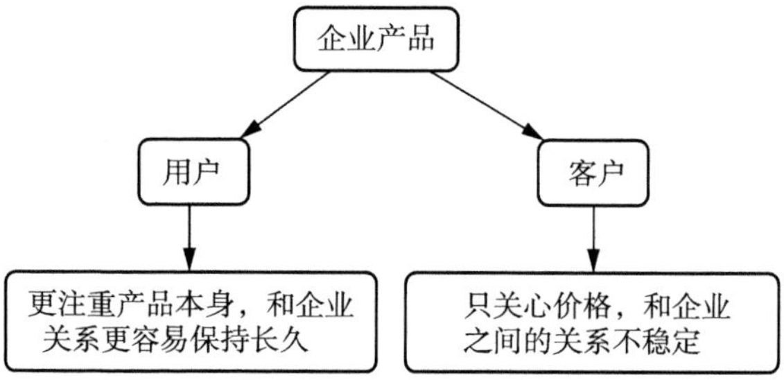

图 3－18　用户、客户与企业之间的关系

通过对比用户和客户的不同，我们知道了两者之间的巨大差异。面对两者之间的差异，企业采取的策略自然也将有所不同。如果企业主要面对的是用户时，提高产品使用体验是非常重要的事情；而如果企业主要面对的是客户时，价格就成为关键因素，营销宣传就成为关键。

目标客户在哪，广告才应该在哪

找到了正确的目标客户，接卜来就是针对这些目标客户开展营销活动。不同企业的目标客户千差万别，适合的营销平台也各不相同。在正确的平台开展营销活动，才会取得效果，否则只是找到了正确的目标客户，却没有找到正确的营销平台，那依然会没有效果。

举个简单的例子，一个企业是做大型工业设备的，它在娱乐门户网站做营销推广，会取得效果吗？当然不会！大型工业设备价格较高，动辄几十万、上百万元。所以，他的目标客户是大型工厂企业，能够做决定的也是这些工厂企业的高级领导。

这样的目标决策人群自然不会关注娱乐资讯，所以，无论娱乐门户网站规模有多大，在这上面做营销都不会有结果。

◎ 附录：企业目标客户分析表格

目标客户分析

1. 谁是你的客户____________________
2. 你的客户需要什么____________________
3. 客户最关心什么____________________
4. 你能解决客户什么问题____________________
5. 客户能获得什么利益____________________
6. 客户购买方式、行为和过程____________________
8. 你客户的各种特征（年龄、收入、文化水平、性别）

____

谁是发起者____________________

谁是使用者____________________

谁是影响者____________________

谁是购买者____________________

谁是决策者____________________

3.4 产品细分：多样产品花式定位，打造企业产品矩阵

◎ 花猫产品：低利润高销量，锁定消费者满意度的锁粉单品

花猫产品：（增加客户满意度）销售额高、利润少的产品，多为引流产品或赠送类产品，主要目的是提高客户满意度，可以不追求利润。

简单产品、价格低廉

花猫产品的作用决定了它的特点：增加消费者满意度，为商家引流。这代表了花猫产品要满足以下两个基本要求：

产品简单：花猫产品需要让消费者一看到就知道产品是什么，有什么功能，而不需要消费者自己研究半天，或者需要专人讲解才知道产品究竟是什么。要求产品简单是因为简单的产品才更容易在消费者之间传播，因为大众都知道产品是什么。

价格低廉：花猫产品的目的是引流，而不是盈利。所以花猫产品的价格就必须低廉，这样才对消费者有足够的吸引力，让原本对产品没有需求的消费者在看到价格后也产生购买的想法。

花猫产品可以引流，但是产品本身价值一般都不高。作为引流产品消

耗量是巨大的，企业必须考虑成本。当消费者被花猫产品吸引而关注企业时，高价值、低利润的大熊产品就该上场去抓取粉丝的心了。

◎ 大熊产品：低利润高价值，赚取更多关注的吸粉单品

大熊产品：（价值大于价格，引发客户兴趣）现金流高、利润率低的产品，目的是为客户提供超值的消费体验，鼓励客户再次消费，最大限度地追求客户数量。

企业希望自己的忠实粉丝越多越好，所以大熊产品要需求大众化。一个需求大众化的产品受众群体规模才足够大，企业开展提高粉丝忠诚度的营销效果才更好，成功转化数量也就越多。

高价值/实用性

大熊单品和花猫产品的区别是：花猫主要用来提升满意度、吸引眼球，花猫是附加产品，正如礼物盒上的缎带和鲜花。

而大熊单品必须是切切实实能够带来实际利益的产品。相对来说，无印良品的懒人沙发就是这样的产品，价格定位不高，又兼具美观和实用性。

◎ 金牛产品：高利润高价值，引爆销量的超级单品

金牛产品：（主营产品、主利润产品）企业现阶段的拳头产品，即利润、现金流均较好的“双高”产品，是企业主要的利润来源。

金牛产品是一个企业的支柱产品，也是企业利润的主要来源。同时，作为主打产品，企业需要在金牛产品上耗费大量的资源，所以，在金牛产

品的选择上必须要慎重。

企业在选择金牛产品时可以从以下几个方面考虑：

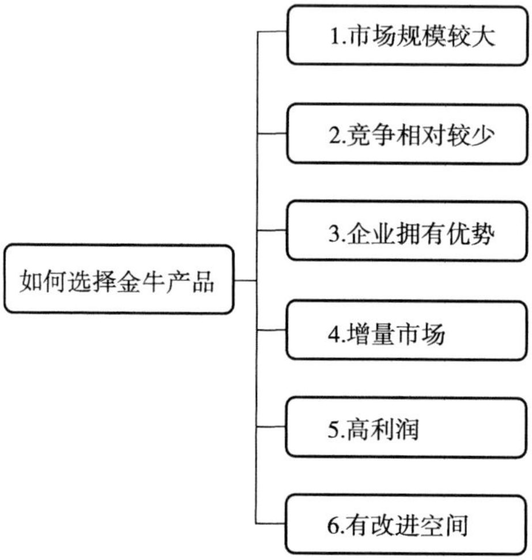

图 3－19　如何选择金牛产品

1. 市场规模较大

首先思考一个问题：假设你的企业是做家用电器的，现在需要从电视、空调、洗衣机、洗碗机、垃圾处理器中选出企业的金牛产品，你会选择哪一款产品？

正确答案是电视、空调和洗衣机，因为这三种产品几乎是所有家庭都必备的电器，市场规模巨大。而洗碗机、垃圾处理器就不是所有家庭必备的电器，市场规模相对较小。

另外，选择市场规模较大的产品可以帮助企业接触更多的客户，方便日后带动企业其他产品的销售。

2. 竞争相对较少

在选择金牛产品时企业需要考虑市场规模的问题，同时也需要考虑市场竞争问题。完全没有竞争的市场只存在于理论中，现实之中不可能存在，但是企业可以选择一些相对竞争较小的市场打造金牛产品。

因为在一个已经处于红海的市场中，想要打造出一款超级单品，虽然不是不可能的事情，但是其难度非常高，企业即使拼尽全力也不一定能够取得好的结果。

3. 企业拥有优势

金牛产品作为企业主打产品，必须是企业具有优势的产品。

提起方便面，多数人首先想到的就是康师傅红烧牛肉面，因为康师傅已经将红烧牛肉面做成了一款金牛产品，成为企业的代表，甚至成为行业的代表。

我们试想一下，如果康师傅的红烧牛肉面味道很一般，完全没有任何特点，并且所有品牌都有红烧牛肉面这个单品，康师傅还会将红烧牛肉面打造成金牛产品吗？当然不会，因为在这个产品本身企业没有任何优势。如果康师傅强行想要将没有优势的红烧牛肉面打造成金牛产品，反而会因此损失大量客户，导致其他品类产品销量一起下滑。

就如同现在统一虽然也有红烧牛肉面，但是它不会试图将这款产品打造为金牛产品，因为和康师傅相比，在这款产品上统一没有优势。

4. 增量市场

金牛产品所面向的市场最好的是增量市场，而非存量市场。

增量市场意味着市场需求还在不断增长，就像十多年前的电脑市场、智能手机市场等，这些市场在当时都属于增量市场。如今的增量市场包括机器人市场、VR 市场、智能家居市场等，这些市场的需求都在高速增长，有大量的新客户等待企业去开发。也正因为如此，和存量市场相比，客户获取、开发的成本都要低很多。

5. 高利润

企业最终的目的是盈利，而花猫产品和大熊产品的主要作用都不是为企业带来盈利，有时在这两种产品上企业还要补贴维持，而这两种产品存在的很大一部分原因是为了金牛产品服务，所以，这两种产品所产生的成本也需要由金牛产品去承担。

金牛产品作为企业主打产品，类似的隐形成本还有很多。除了花猫产品和大熊产品的成本之外，还有品牌运营成本、企业管理产品、客户开发成本等，这些也都需要金牛产品去负担。因此，金牛产品必须是高利润产品，才能让企业实现盈利。

6. 有改进空间

一款产品，无论当下消费者多么热捧，产品都必须进行不断的创新和改进。除非这种单品属于超级金牛产品，可以做到真正的经久不衰。

很明显，大多数企业的产品都无法做到这一点。所以企业在选择金牛产品时，需要考虑产品的未来发展，考虑产品是否具有可改进的空间，是否能够与时俱进。因为一款成功的金牛产品需要企业精心去打造，不是那么容易的事情。并且一旦金牛产品打造成功，它将是企业主要的利润来源，如果随意更换，很容易给企业带来损失。

对于已经有成熟产品运营体系的企业来说，金牛产品的选择其实并不困难。企业可以优先从销量较高的产品中选择，如果其中有产品符合上述6个条件，那就不用迟疑，选择这款产品作为金牛产品。

在这里可能有些企业会有疑问，在上面提到了选择竞争相对较少的产品，那么如果企业现有产品本身就处于红海市场当中呢？

前面提到过，不可能存在没有竞争的市场，只有竞争激烈程度之分。如果企业本身就处于红海市场，那么可以从金牛产品的卖点思考，去做细分市场，这就可以降低市场竞争的激烈程度。

◎ 小狗产品：高创新高利润，锁定未来的战略单品

小狗产品：（创新产品、利润最高）现金流少但前景好的产品，即现金流低、利润率高的产品，虽然目前消费客户数量较少，但是可能成为企业未来的利润主力军，是企业的战略性产品。

企业在选择小狗产品时需要注意一点，小狗产品尽可能选择一些不容易被替代的产品。只有产品做到不可替代，才能够在未来市场中拥有竞争力。这里的不可替代并不是一定要产品整体完全不可替代，企业可以在产品某一点上进行突破，做到不可替代，也可以是以产品为核心，创造的价值或者服务不可替代。

当小狗产品做到不可替代后，未来企业在该产品的营销上就不需要投入太多资源，消费者自己就会锁定企业的品牌。

我们用酒店装修企业来做例子。

一个酒店装修的企业推出免费为客户提供整套设计方案的服务，想要通过这种服务吸引客户的关注和咨询，起到引流的作用，这就是花猫产品。

客户在认可设计方案之后，就开始具体施工。不过虽然客户认可了设计方案，但对企业可能存有一定的疑虑。企业这时可以给酒店装修出一个样板间，让客户对企业产品有直观的感受，打消客户的疑虑，促进之后合作的开展，这就是大熊产品。

在样板间也得到客户认可后，企业就可以和客户进行大范围合作，这也是企业利润的主要来源。所以，这种产品就是金牛产品。

在装修的过程中，企业还可以和客户沟通，给其提供装修材料。这种产品在当前可能很多客户都不接受，但是产品利润率高。如果做得好，未来就可以成为企业除装修外的另一大主要来源，这种产品就是小狗产品。

3.5 产品定位：让你的产品脱颖而出

◎ 挖掘冰山：深入掌握客户需求

倒三角理论

在企业网络营销中有一个理论叫作倒三角理论，之所以叫这个名字，是因为理论的模型呈现倒三角的形状，就像企业想要打开一个市场，就要将一个楔子钉进一个平面一样。

楔子能不能钉进一个平面，首先要看尖端是否足够锋利。在尖端撕开破口之后能够撑起多大的空间，这要看楔子中部的尺寸大小，而钉入平面是否可以稳定，则要看楔子尾部是否足够牢靠。

倒三角的尖端是企业的产品，因为企业想要打开一个市场，主要看的就是产品，产品足够优秀，企业就更容易打开市场。在倒三角形的中部，则是企业带给消费者的体验。企业给消费者带来的体验越好，打开的市场就越大。倒三角的上部也就是最宽的地方，这就是企业对市场以及消费者的理解。企业如果对市场和消费者有深刻的理解，打开的市场就更容易稳定下来，反之也是如此。

当然，楔子不可能自己就钻进平面中去，它还需要一个推动力，企业的网络推广就是这个推动力，网络推广的力度越大，企业就越容易打开市场。不过在做网络推广时，企业应该注意不要过分地夸大产品。即使企业通过过分夸大的手段打开了市场，但是消费者终究会发现问题，最终将企业推出市场。这就像一个楔子用过大的力强行钉入一个平面，但是楔子本身质量不足以支持在平面上开出一个空间，最后的结果要不就是被挤出去，要不就是损毁。

中国消费者按照消费能力划分，也呈现金字塔结构。高消费能力者处于金字塔顶端，数量非常少，普通消费能力者处在金字塔底端，数量最多。在这种情况下，如果企业的市场营销策略只针对高消费能力者，往往难以做大，因为数量太少；而企业营销策略只针对普通消费能力者，又难以建立起品牌形象力。

所以，企业的营销策略要做到双聚焦：聚焦高端消费者能力者，从这些消费者身上提高品牌形象；同时更要聚焦普通消费者，从普通消费者身上获得订单。一个是从企业长远利益考虑，另一个是从短期利益考虑，二者优势互补，在产生大量订单的同时，还提升了企业的品牌形象。

挖掘消费者的潜在需求

为了增加消费者对企业品牌的黏性和忠诚度，挖掘消费者隐藏的潜在需求就成为每个企业都会去做的事情。因为很多时候尽管消费者有某种需求，但是自己却不知道这种需求。因此，挖掘这种潜在的需求就变成企业必须去做的事情。那么企业应该如何做才能找到正确的、还没有多少人发现的潜在需求呢？

找到消费者潜在需求不是一件容易的事情，这需要一定的方法，根据多年的经验，我总结出了以下四点：

1. 深入用户群体

随着移动互联网的发展，社群已经成为网络营销的重要工具之一，企

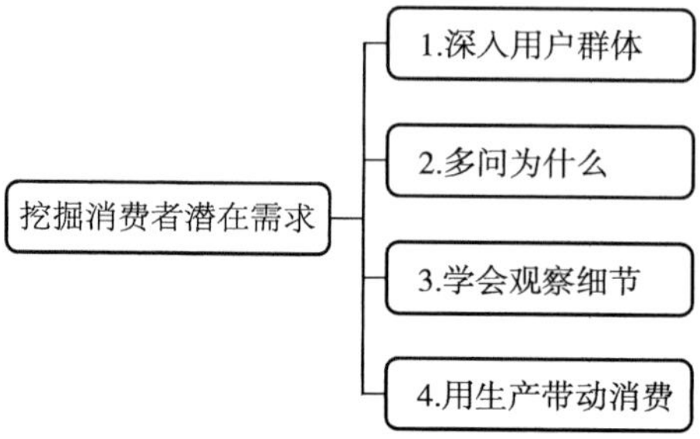

图 3－20　挖掘消费者潜在需求

业除了可以借助产品培养粉丝、推广品牌之外，同样也可以利用社群深入消费者群体，获得消费者一手信息，继而发现潜在的消费者需求。

虽然消费者不一定清楚自己的潜在需求，但是在社群聊天沟通中消费者会释放出一些有用的信息，通过对这些信息的分析，企业就可以分析出消费者的潜在需求。

2. 多问为什么

在丰田公司中有一个著名的“五问法”，这是一种通过连续问五个为什么来确定问题根本原因的方法，经过多年实践，这种方法如今已经成为丰田解决问题的基本方法，无论是基层员工还是企业高管遇到问题都会使用这种方法。

虽然丰田的“五问法”是用在解决问题上，但是如果我们思考一下，就会发现这种方法在挖掘消费者潜在需求上同样适用。因为消费者对潜在需求和出现问题找不到问题的原因是相类似的，潜在需求和问题的原因都是客观存在的，但是需要我们去寻找。连问五个为什么无论是企业还是消费者都会对问题有更深刻的理解，从而找到自己想要的东西。

3. 学会观察细节

无数的例子都告诉我们难题的答案往往在细节之中，这个道理同样适用于寻找消费者潜在需求。

企业可以观察消费者行为的细节产生假设，通过这一假设，消费者的潜在需求就此浮出水面。例如，美国麦当劳曾经发现消费者的一个购买细节：购买奶昔的消费者大都集中在早上8点之前。针对这个细节麦当劳开始进行假设：消费者早上没有足够的时间吃早餐，所以购买一杯奶昔在上班开车的路上喝充当早餐。于是麦当劳便调整了奶昔的浓度，让奶昔变得浓稠，这样更能够填饱肚子，结果在麦当劳做出这一改变之后奶昔的销量立刻大增。

海尔也曾经从细节中发现了消费者需求，并且因此打开了美国市场。

20世纪90年代，海尔在张瑞敏的带领下已经成为国内首屈一指的冰箱企业，但是海尔并不满足于国内市场，开始将眼光放在了美国市场上。

进入美国市场对当时的海尔来说是一个不小的挑战，所以海尔非常重视，在营销上投入了大量的人力和物力，但是取得的效果却非常一般，这让海尔高层非常头疼。

为了搞清楚为什么始终无法在美国市场打开销量，海尔进行了一次细致的市场调查，结果发现了一个之前被忽略的细节：美国人普遍喜欢喝冰镇的饮品，特别是啤酒，很少有美国人不在夏天喝冰镇啤酒的。

发现这个细节之后，海尔便改变了美国市场的销售策略，主打小体积的冰箱，并且冰箱的内部结构也做出了调整，更方便用户在里面储存啤酒。最后，海尔还创新地将这款冰箱从家电销售区域搬到了啤酒货架旁边，因为这款产品就是为了满足那些喜欢喝冰镇啤酒的消费者的需求。结果很快这款冰箱就受到美国消费者的青睐，海尔也因此正式进入了美国市场。

4. 用生产带动消费

亨利·福特曾说：“如果我最初问消费者他们想要什么，他们会告诉我‘要一匹更快的马’。”和马相比，福特的汽车显然是消费者更应该想要的，为什么消费者会要一匹更快的马呢？因为在此之前消费者并不知道自己需要汽车。

消费者有时不知道自己的需求，企业就需要将产品拿到消费者面前，告诉他：“你需要这个产品。”这时消费者的消费积极性才能被调动起来。如果没有福特向消费者展示汽车这种产品，只凭消费者的想象，他们很难想象汽车是什么，也很难认为自己需要的是汽车而不是马。

◎ 大数据计算：精准锁定你的用户

随着移动互联网的发展，大数据技术现在已经非常成熟。利用大数据技术，企业可以勾勒出清晰的消费者画像，知道他们的姓名、年龄、住址、喜好、购买习惯等，而通过分析计算这些数据，企业就可以知道这些消费者可能存在的需求，然后去满足他们的这些需求。

很多时候，虽然消费者有需求，但是他们不会将需求直接告诉给企业，有时甚至他们自己都不知道需求是什么。所以，企业需要自己去发现消费者的需求，然后展开个性化定制营销。

现在的消费者在产品方面的选择太多，很多时候消费者反而因为选择太多而陷入迷茫。面对众多类似的品牌、类似的宣传、类似的产品……消费者明显已经审美疲劳。企业同样知道这一点，但是他们找不到更好的方式，只能如此。

很明显，在网络营销竞争日益激烈的今天，盲目营销是非常愚蠢的营销方式。所以，对于进入互联网的企业来说，将消费者的需求放在核心位置，根据消费者的需求去提供个性化定制营销才是正确的选择，也是提高企业效率最有效的方式之一。

那么，企业如何去发现消费者的需求呢？这就要使用大数据。提到大数据就不得不提沃尔玛的啤酒和尿布的案例。

20世纪90年代，美国沃尔玛的一位管理人员在整理销售数据时发现了一个奇怪的现象，啤酒经常和尿布出现在同一张结算小票上。表面上看，啤酒和尿布似乎没有什么联系，而这位管理人员在仔细思考之后，终于找到了出现这种现象的原因。

年轻的妈妈在有了小孩之后，基本上所有时间都在孩子身边，所以外出购物这种事情就交给了年轻的爸爸去做，其中就包括给小孩买尿布。既然来到了超市，年轻爸爸就会想着顺便给自己买点什么，于是啤酒就成为最好的选择。如果一个超市在啤酒和尿布两者之中只有一样，那么年轻爸爸就可能因此而选择换家超市购买，毕竟拿着一样东西再跑另一家超市是比较麻烦的事情。所以，尿布就经常和啤酒被一起购买。

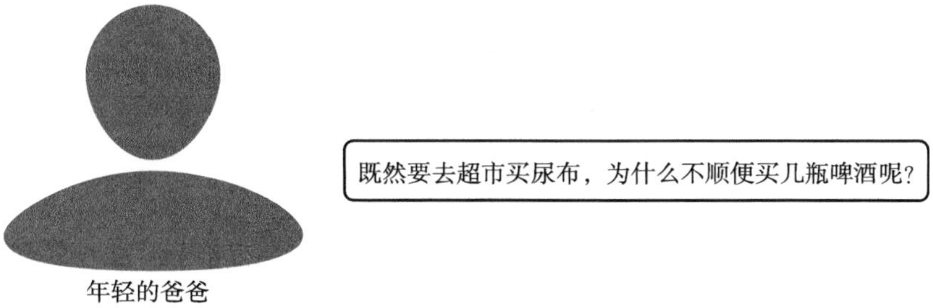

在发现这个现象之后，这位管理人员决定改变商品陈列，将尿布和啤酒放在一起，结果这两种商品的销量和过去相比有了明显的提升。

这是大数据应用于发现消费者潜在需求的最早案例，而在互联网时代的今天，亚马逊就是利用大数据展开个性定制营销做得最好的企业之一。

亚马逊是网络上最早一批开展电子商务的企业，因此，亚马逊非常重视消费者数据，同时也很善于利用这些数据对用户进行细分，展开个性化定制营销。

目前亚马逊的注册用户已经达到20亿，这些注册账户所产生的数据加起来有10亿GB。可能有人不理解为什么会有这么庞大的数据，在多数人看来，账户数据不过是诸如账户、密码、用户姓名、地址、电话等，实际上亚马逊记录的数据远不止于此。

一个最简单的例子，亚马逊有一个“为你推荐”的功能，这个功能就是亚马逊在经过对用户的详细分析之后，向用户推荐可能要购买的产品，同时亚马逊还会推荐一些用户可能感兴趣的活动，这就是个性化定制营销。

为了能够让自己的定制营销效果最大化，亚马逊会详细记录用户的每一次登录时间、浏览商品、浏览路径、浏览时间等，通过对这些数据的分析，亚马逊对每一个用户都进行细致的行为分析和预测。

例如，亚马逊在向一个用户推荐产品之前，首先会对用户之前的浏览记录、购买记录、市场趋势等数据进行分析，然后通过复杂的计算得出该用户可能会感兴趣的产品，最后才会向用户推荐商品，这么做的好处就是推荐成功率远远高于传统的轰炸式营销方式。

虽然对于大多数企业来说，并没有足够的能力做到像亚马逊那样对每一个客户都进行个性定制营销，但是企业可以尽量对自己的客户人群进行细致划分，根据划分结果分别制定营销策略，以此来提高企业的营销效率。

◎ 移形换位：像买家那样思考

在一个较为成熟的行业中，几乎所有企业都需要面对产品同质化严重的问题。不同品牌的产品无论从外观、性能甚至是营销方式上都十分类似，企业在产品方面的竞争已经很难有所突破，只有从价格上寻求突破，这就形成了激烈的价格竞争。

价格竞争是每个企业都不想参与的，但是很多企业似乎除了这种方式，也没有更好的方法让自己的产品获得消费者的青睐，便只好参与其中。

价格竞争会导致什么样的结果相信所有企业家都十分清楚，在这里不再多说。这里我想说的是，消费者购买一件产品必然是有原因的，这个原因就是产品能够给消费者带来一定的价值。

所以，市场竞争最终还是要回归到产品上。对于企业来说，与其花费大量时间和精力思考如何从价格竞争中获胜，不如像买家一样思考，思考自己为什么要去购买这件产品，从而让企业找到新的价值点，给消费者一个购买产品的理由。

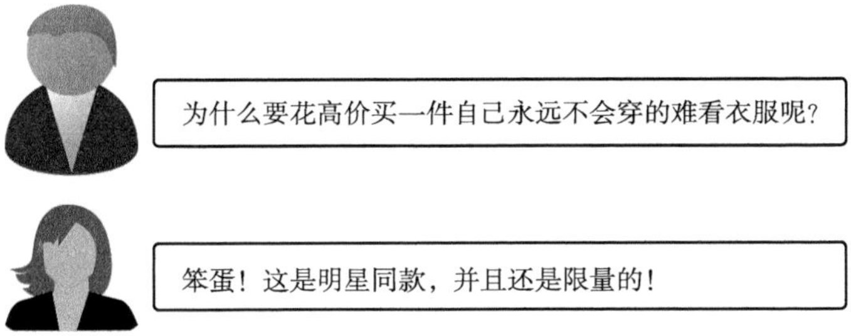

对普通企业来说，如果市场产品同质化严重，想要从产品本身寻找到新的价值点是一件比较困难的事情。这时我们就需要放开思维，走出一个思维误区：多数企业老板提起产品价值就会想到使用价值、品质价值、服务价值等，实际上产品的价值并不局限在这些上，还有很多附加价值都可以成为消费者购买产品的理由。

有时消费者购买一件产品并不一定是需要使用它，还可能就是想要，所以就购买。即使一件产品的价格远高于同类产品，并且就产品本身而言，这就是一件普通的产品，没有特殊功能、没有超赞的品质、没有让人满意的售后，但是消费者就是愿意购买，而想要的原因就是产品的附加价值。这个附加价值就需要企业像买家一样思考才能得到。

我在讲课时给学员举过这样一个例子：

一件最普通的外套，如果是放在路边的服装店销售，最多能够卖 50 元，并且销量还不会很好。因为这样的外套太普通了，也太没有竞争力了，市场竞争非常激烈。

如果对外套款式进行设计，加上一些当下流行元素，那么这件外套的价格就可能翻倍，卖 100 元。

如果能够找到一个名人在外套上签名，那么这件外套卖几千元也是很有可能的。

如果这个名人在签名后就离世了，那么在恰当的宣传效果下，这件外套卖到几万元甚至几十万元也都是有可能的。

在上面这个例子中，产品一直都是同一件普通外套，从可以销售 50 元到最后可以拍卖到几万甚至几十万元，它的使用价值、产品质量都没有发生变化，变化的只是产品的附加价值。

道理虽然很简单，但是很多企业都没有意识到，这就是因为他们站在买家的角度，像买家一样思考自己为什么要买一件价格高出使用价值很多的产品。

3.6 卖点提炼：三个条件和六个差异化

◎ 独特卖点理论

在网络营销当中，找到产品的卖点是必需的工作。企业的网络营销方式是多种多样的，但是其本质就是找到定位目标市场，找到产品卖点，然后将产品提供给目标市场，而网络营销只是其中所需要使用的一种工具。

那么究竟什么是卖点呢？

卖点本身的含义非常简单，就是一个理由，一个给消费者购买产品的理由。卖点的含义非常简单，但是在营销领域却是一个必然会被提起的话题。显然，提起卖点的主要原因不是讨论需不需要卖点，或者卖点本身的含义，而是讨论企业应该如何找到产品的卖点。

20世纪50年代，美国人罗瑟·里夫斯提出了著名的“独特消费主张”理论，这个理论也被称作“独特的卖点”。

这个理论是广告发展历史上第一个广告创意理论，概括起来可以将其分为三点内容：

（1）强调产品能够为消费者带来的实际价值；

（2）强调产品的特点，并且这些特点是竞争对手无法做到或者还没有做到的；

（3）产品的卖点必须要强而有力，要做到集中，可以吸引消费者的注意力。

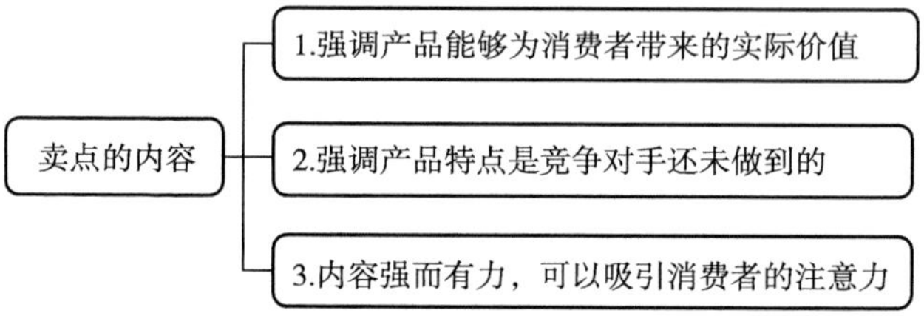

图 3－21　卖点的内容

虽然这个理论提出于 20 世纪 50 年代，但是对于如今的企业依然具有参考价值。

在之前的内容中提到过如今市场竞争激烈，导致中小企业产品同质化严重的问题，提炼卖点就是为了帮助企业走出产品的同质化。所以，卖点提炼最为重要的一点就是差异化。产品的卖点除了能够吸引消费者，还要能够和竞争对手产品形成差异化，消费者有购买产品的愿望。如果产品卖点无法区别于竞争对手产品，那卖点的提炼就失去了意义。

所以我在“独特的卖点”理论的基础上，结合当下产品同质化严重的问题，总结出卖点提炼的三个条件和六个方法，帮助企业找到产品的正确卖点。

◎ 卖点提炼的三个条件

卖点就是打动消费者购买企业产品的理由，总结下来有两个关键因素：价值和差异化。

之前的内容提到过，消费者愿意购买产品是因为产品能够给他们带来价值，但是产品卖点不仅需要有价值，更需要是独特的。如果仅仅是能够给消费者带来价值，却无法形成差异化，竞争对手的产品都具备，那消费者为什么要购买你的产品呢？

所以，一个卖点只有同时满足价值和差异化两个因素，才能打动消费者。这就要求企业提炼的产品卖点必须满足三个基本条件，才可能成为优秀的产品卖点。

这三个基本条件如下：

（1）满足消费者需求；

（2）自己具有优势；

（3）是竞争对手的劣势。

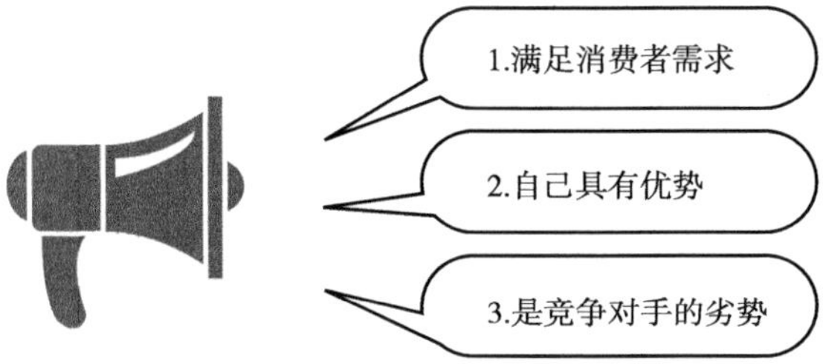

图3－22 卖点的基本条件

无论提炼出什么样的卖点，可以满足消费者的需求都是最基本的要求。消费者的每一个需求都可能对产品产生一个新的定位，继而创造出一个细分市场，给差异化卖点提供发挥空间。

例如，消费者对手机的需求除了基本使用功能，还有续航需求、质量需求、拍照需求等，这些需求都可能成为手机的卖点，并且如今已经有手机企业这么做了。

满足第一个基本条件之后，接下来就是寻找在众多消费者需求中自己的优势是什么。企业能够在某项需求上拥有一定的优势，才可以将其提炼为产品卖点。

最后，在确定消费者需求和企业优势所在后，还要找到竞争对手的劣势，然后将三个条件综合在一起进行分析，用消费者需求的、自己强势的、竞争对手劣势的作为产品卖点，形成差异化竞争，最大限度地提高卖点的市场竞争力。

◎ 六个差异化确定卖点

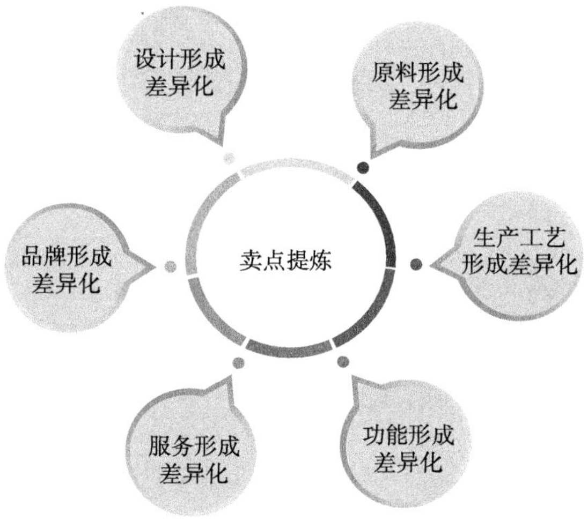

图 3－23　卖点提炼的六个差异化

设计形成差异化

在第一代苹果手机出现之后，所有人都被 iPhone 的产品设计所吸引，全触摸屏，正面只有一个按键，这样的设计被称作“重新定义手机”。后来的发展也证明苹果设计确实重新定义了手机，开启了智能手机时代。虽然在智能手机时代到来之后有无数手机品牌也开始竞相模仿苹果手机的设计，但这都无法撼动苹果手机在消费者心目中的地位。

产品设计上的差异化能够给消费者耳目一新的感觉，从而获得消费者的关注。要知道在如今这样竞争激烈的市场环境中，消费者只会给企业产品一次机会，产品设计上的差异化就是吸引消费者注意力的非常好的一种方式。以产品设计上的差异化作为产品卖点，更容易给消费者带来心理上的冲击。

原料形成差异化

依云矿泉水应该可以算是矿泉水中的贵族了，它的销售价格也远高于国内普通矿泉水，但是在中国依然有市场，这和它将水源地作为卖点有非常重要的关系。

依云水号称来自法国阿尔卑斯山，阿尔卑斯山平均海拔在3000米左右，年平均温度在零摄氏度以下，终年积雪。同时阿尔卑斯山是世界上少有的完全没有受过污染的地方，有丰富的无污染水源，特殊并且具有唯一性的水源环境和其他同类产品形成了差异化，这也成就了依云水的品牌。

国内的奶制品企业也非常善于从原料方面提炼产品卖点，我们只要去看看蒙牛、伊利等国内大品牌奶制品企业的广告，就会发现它们都在突出自己“优质奶源”的卖点。

生产工艺形成差异化

20世纪90年代，纯净水刚开始流行，市场上存在众多纯净水品牌，产品同质化问题严重，众多纯净水厂商都在寻求产品上的差异化。乐百氏在经过市场调研之后发现，所有厂商都号称自己是纯净水，但是消费者却并不十分清楚究竟什么是纯净水，也不知道哪个品牌的纯净水更好。于是乐百氏便推出了“27层净化”的概念，以此为卖点让自己的产品从生产工艺上和竞争对手形成差异化。

功能形成差异化

消费者购买一款产品最多的原因是因为产品具有某种功能，而这种功能是自己需要的。最简单的例子，汽车的基本功能就是供人驾驶，这是所有汽车都具备的功能，因此无法作为产品卖点。但是如果在驾驶功能上额外突出其他附带功能，这些功能是其他品牌没有突出体现的，就可以成为产品的卖点。例如，提起沃尔沃汽车会想到安全，提起宝马汽车会想到操控性，提起奔驰会想到舒适，这些都是产品的功能卖点。

不同消费者对同一种产品的功能追求各有不同，只要产品能够在产品功能的某一方面处于优势地位，就可以形成功能差异化，成为产品的营销卖点，被消费者认可。

服务形成差异化

提到服务差异化卖点就不得不提到海底捞火锅连锁店。相信所有消费者在提到海底捞时首先想到的不是火锅味道，而是海底捞的服务。

所有的餐饮企业都会强调服务，但是海底捞就可以在服务上做到差异化，因为所有餐饮企业要求的服务标准是当客人提出要求之后提供服务，而海底捞的差异化在于他们强调服务要做在客人要求之前，也就是主动为客人服务。就是这一区别，让海底捞的服务成为品牌最大的卖点。

品牌形成差异化

企业品牌就如同人一样，拥有自己的形象。毫无新意的品牌形象就像是在人头攒动的大街上的一个普通行人，很难引起他人的注意。只有在形象内涵上和普通人有所区别，这个人才可能在众人之中被他人关注和记住。

品牌形象和产品本身有一定的关系，但品牌形象也可以单独进行打造。例如，美国的哈雷摩托品牌。哈雷品牌建立于1903年，在两次世界大战中都成为美国军用摩托品牌，所以哈雷的品牌形象是充满激情、敢于冒险的硬汉形象，这就和其他摩托车品牌形象形成了差异化。也正是因为这个形象，哈雷摩托虽然价格较高，但是仍然有无数哈雷迷愿意去购买。

◎ 如何向消费者准确传递卖点

了解了产品卖点提炼的6个方法之后，就会发现产品的卖点并不局限在产品本身，而是贯穿于产品的全价值链当中，可以说是无处不在。不过企业提炼出卖点只是营销推广的第一步，接下来企业还需要将卖点准确传递给消费者。

一个产品身上的卖点可能有很多，需要企业用心去提炼，提炼出来的卖点越简单越好。尽可能通过这些卖点将企业的全部优势、产品的全部特点都涵盖其中。但是在向消费者传递产品卖点的时候，企业就需要根据市场情况对卖点进行筛选，思考哪些卖点是竞争对手也有的，哪些卖点是消费者不太重视的，哪些卖点是当下市场环境不适合宣传的。最后筛选出来的就是企业自己最具优势的、竞争对手还没有或者无法做到的，并且是消费者看重的卖点，这些卖点需要企业着重宣传，将卖点传递给消费者。

卖点要简洁、易懂、易传播

在向消费者传递卖点的时候，一部分企业感觉有些迷茫，不知道如何向消费者传递卖点。

我在给一个客户做网络营销推广时，需要客户提供产品的卖点，然后我再根据产品卖点策划营销方案。结果客户将产品提供给我的时候让我哭笑不得，因为一个产品的卖点客户写了上千字，所有内容都是围绕着夸自己的产品如何好，以及为什么好。

如果是软文，也许这样的内容还有可用之处，但是对于产品卖点就显得毫无价值。我们观察市场上各大品牌主打产品，会发现几乎每一种主打产品都有一句简洁易懂同时易传播的宣传语，这句宣传语表达的内容其实就是产品卖点。

所以企业在传递产品卖点时，不需要详细介绍，也不需要肤浅地去夸产品有多好。卖点的传递应该是通过一句话进行的，并且这句话要读起来通俗顺口，如果可以有趣就更好了，总之卖点要容易让消费者记住，也容易让消费者传播。

在之前的内容中我提到过一个自己经手的营销案例“一个普通大枣能卖多少钱”，这个案例中产品的卖点宣传语是“枣想核你在一起”，这个宣传语就非常优秀。

首先，宣传语非常通俗顺口；其次，让消费者读起来还会感觉非常有趣，注意力很容易被产品吸引；再次，宣传语非常容易记住，消费者也愿意去传播；最后，也是最重要的，这款产品的卖点就是传递消费者的感情，而宣传语完美地向消费者传递出了这个卖点。

营销和销售卖点传递方式

想要让一款产品大卖，就需要找到这个产品的卖点，我们现在结合网络营销来看产品的卖点。企业在网络上的推广页面大致目标无非有两种，一种是营销，另一种就是销售。

营销是为了宣传企业信息，打造企业品牌，向消费者展示企业形象。销售目的就很简单了，为了让消费者看到网页信息之后购买产品。

无论是营销还是销售，只要涉及产品，都必须将产品卖点展示出来，这样才能吸引消费者，在这点上二者是相同的。两者不同的是因为目的各不相同，所以卖点的展示方法有所不同。

如果是以营销为目的，重点在于对企业品牌的宣传和推广，同时给产品信息展示的空间是有限的，那么对产品卖点的展示就要有所选择。最好选择那些能够让产品区别于竞争对手、跳出同质化竞争的卖点，并且要重点强调这个卖点。直到消费者在提到企业品牌时就能够想到这个卖点，或者消费者在提到这个卖点时，第一时间就能够想到企业的品牌。

而如果是以销售为目的，那么在产品的介绍页面上，需要尽可能多地将产品卖点都展示出来，展示的方式可以是文字、图片、视频等形式，同时详细介绍产品卖点能够给消费者带来的价值，给消费者一个说服自己购买产品的理由。

让消费者相信卖点真实可信

为了让消费者相信企业宣传的卖点是真实可信的，企业可以采用以下几种方法：

（1）展示企业的实力，如所获证书、拥有先进技术、规模庞大等，增加消费者对企业的信任度。

（2）在网站上展示媒体报道信息，借助权威的力量提高企业可信度。

（3）将案例以图片＋文字的形式展示出来，证明产品卖点是真实的。

（4）邀请使用过产品的客户现身说法，提高产品卖点的可信度。

◎ 附录1：企业网络营销的初步分析诊断表格

企业网络营销的初步分析诊断表格

一、目前企业在网络营销上：

1. 每个月投入多少钱________________

2. 每个月销售额多少________________

3. 每个月利润多少________________

4. 用哪些推广方法________________

5. 哪个方法效果好________________

6. 每天带来多少客户________________

7. 每天带来多少咨询______________________________

8. 每月带来多少成交______________________________

二、竞争对手有谁，怎么做网络营销的？

答：______________________________

三、竞争对手做得怎么样？

答：______________________________

四、描述你行业的网络营销情况？

答：______________________________

◎ 附录2：企业的SWOT分析表格

企业的SWOT分析

一、在这个行业里你的优势是什么？（Strength）

答：

1. ______________________________
2. ______________________________
3. ______________________________
4. ______________________________
5. ______________________________

二、在这个行业里你的劣势是什么？（Weakness）

答：

1. ______________________________
2. ______________________________

3. ______________________________

4. ______________________________

5. ______________________________

三、在这个行业里你有什么机会？（**Opportunity**）

答：

1. ______________________________

2. ______________________________

3. ______________________________

4. ______________________________

5. ______________________________

四、在这个行业里你有什么威胁？（**Threat**）

答：

1. ______________________________

2. ______________________________

3. ______________________________

4. ______________________________

5. ______________________________

第 4 章　推广系统：如何带来更多流量

4.1　付费推广

推广分为两种：免费推广和付费推广。免费推广的形式包括各种媒体（如云媒体、推广软件和自媒体），SEO 关键词排名优化和社会化媒体，分类信息、B2B 平台和论坛营销等。

付费推广的形式包括：竞价排名、直通车、会员费、网盟推广、行业网站推广、新媒体页面广告、广点通、智汇通等。

很多人在提到付费推广时，首先想到的就是烧钱。事实确实如此，付费推广非常烧钱，但是烧钱并不代表没用。有些企业虽然在付费推广上大把花钱，但是给他带来的收益也是非常高的，而大多数企业虽然同样是付费推广，同样是大把花钱，最后却连推广费都赚不回来，这就是因为对付费推广不够了解，不会正确地运用付费推广。

◎ 矩阵营销的五大流量入口

在过去的中国广告行业中，传统的电视媒体广告一直占据绝对市场优势，其次才是互联网媒体广告，报纸杂志等广告占据的市场份额虽小，但也不容忽视。然而从2016年中国广告行业的公开资料显示，电视媒体广告的市场份额已经降到了35.50%。互联网媒体广告快速增长，占据的市场份额第一次超越电视媒体广告达到36.90%。而报纸杂志广告的市场份额快速下滑，其中报纸广告市场份额为13.00%，杂志广告市场份额仅为6.00%。

从以上数据中我们不难看出，现在的企业都在不断减少在传统营销方面的投入，同时增加在互联网广告方面的投入。这也代表着企业和消费者之间传统媒体广告这条途径正在收缩，而类似搜索引擎推广、电商平台、社交平台推广等新兴途径正在不断扩张，这已经成为趋势。

在企业网络营销中，目前有五大营销流量入口，是企业流量的主要来源。

图4-1 五大营销流量入口

入口1：搜索引擎

三大搜索引擎能覆盖98%的客户人群！

搜索营销能有效针对核心人群和目标人群。

入口 2：电商平台

淘宝、京东、天猫等电商平台是人们购买日常消费品的主要平台。

入口 3：社交平台

微信、QQ、微博、博客、论坛等社交平台，解决人与人之间直接沟通的问题。

入口 4：商贸平台

阿里巴巴、慧聪网、环球资源等，向几百万采购商抛橄榄枝。

入口 5：媒体平台

今日头条、一点资讯等自媒体、新媒体平台。

要做好付费推广，首先要深入了解这五大流量入口，然后分别布局，才能达到营销效果的最大化。

◎ 推广的两个关键指标：转化率、复购率

转化率

什么是转化率？转化率是指在一个统计周期内，完成转化行为的次数占推广信息总点击次数的比率。计算公式为：转化率 = （转化次数/点击量）×100%。

根据统计，中国企业的电商网站转化率平均在 0.5% 左右，也就是说在 200 个访问网站的人中，只有 1 个人最终成交。而在诸如京东这样的行业巨头网站上，转化率就高很多，可以超过 6%。

转化率看上去并不复杂，但却是一个网站最为核心的数据之一。从总体来看，我们可以将网络营销的绝大部分工作都看作为提高转化率而服务，所以想要提高转化率，单从某一环节入手是无法做到的，这也是为什

么很多企业在提升转化率的过程中总是遇到瓶颈，想要提升非常困难的原因。

影响转化率的因素

影响转化率的首要因素是网络推广。网络推广为网站带来的流量越精准，企业转化率就会越高，只有数量没有质量的流量反而会降低企业转化率。例如，企业在一个流量非常大，但是和自己行业不相关的网站上大量投放广告，结果就是网站流量大幅提升，但是转化率却严重下滑。

消费者通过网络推广跳转到企业网站之后，网站给消费者带来的体验就成为影响转化率的第二个因素。提高消费者的体验可以明显提高用户访问商品的比例，以及商品加入购物车的比例。当商品进入购物车之后，就离成交不远了，通常这一转化率能达到10%。如果企业达不到这个比例，那就证明网站存在一定的问题。

消费者在访问页面时，如果对产品有兴趣，很可能会和网站客服人员联系，所以客服人员的销售能力也会影响转化率。

在消费者做出购买选择时，产品本身的性价比会产生重要影响。如果产品性价比无法让消费者满意，转化率就会非常低，反之也是如此。

复购率（重复购买率）

复购率是指消费者对该品牌产品或者服务在一个周期内的重复购买次数。复购率越高，消费者对品牌的忠诚度就越高，反之则越低。忠诚度的高低代表了一个消费者是否是品牌的粉丝，所以，提高复购率，实际上就是提高品牌的粉丝数量，而粉丝在现代互联网营销中的作用相信大家都有所了解。

提高复购率的方法

现在很多企业提高复购率都是通过让利促销的方式，如发现一位客户有段时间没重复购买产品了，就会赠送优惠券或者进行让利促销，希望通过这种方式来促进重复购买。但是多数企业在经过实践之后都发现这是一种效率很低的方法。所以企业想要提高复购率，就要找到影响它的因素，然后有针对性地做出改变。

影响复购率的因素首先是产品。消费者购买产品是因为有需求，而从企业的营销推广方面，消费者认为企业的产品可以满足自己的需求，所以才会购买。如果购买产品之后，发现并不能满足自己的需求，或者达不到自己的预期，消费者就会对企业产生不信任感，也就不可能再次购买。

企业服务也是影响复购率的重要因素。服务包括售前、售中和售后服务。良好服务可以给消费者带来良好的体验，还会在消费者心中树立正面的企业形象，消费者也就愿意在企业重复购买产品。

上面两种因素，企业都是被动地等待消费者重复购买，可是被动等待是不够的，企业还需要主动出击，促进消费者重复购买。

主动出击的第一步就是建立会员体系。最简单的会员体系就是根据消费者的消费金额制定出等级制度，然后推出诸如积分换购、会员专享等活动，部分企业可能并不适合打造会员制度，可以推出返利的活动。例如，年购买金额达到一定数额，就可以进行返利，以此促进消费者重复购买。

精准化推荐也是非常好的主动出击方法。企业可以通过大数据对消费者的购买行为进行预测，找到消费者可能感兴趣的产品，然后精准地推荐给消费者。

◎ 营销漏斗模型

营销漏斗模型的全称是“搜索营销效果转化漏斗”，其中包含五个层次，反映出企业通过营销将潜在顾客转化成用户的过程，即展现、点击、浏览、咨询、成交五个环节。

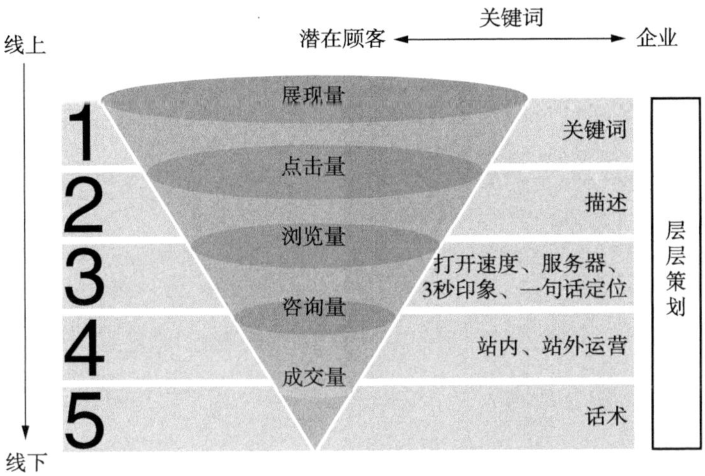

图 4－2　营销漏斗模型

（1）展现：通过推广企业信息被用户浏览的次数。

（2）点击：推广信息被用户点击的次数。

（3）访问：用户到达网站的次数。

（4）咨询：用户向企业咨询的次数。

（5）成交：达成成交的用户数量。

通过这个模型，企业可以量化营销过程中各个环节的效率，帮助企业找到营销中的薄弱环节。

从模型中我们可以发现漏斗顶端数量最大，之后从上往下逐层递减，最终成交量最小。这就意味着在营销的每一个环节中客户因为种种原因流失或者放弃购买。这就说明传统企业老板眼中网络营销就等于网络推广的概念是错误的。虽然推广是网络营销非常重要的一个环节，但是网络营销的最终目的是成交，从推广上提高企业信息的展现量，并不能直接达成成交。

每个环节都有对应的关键因素，这些因素会直接影响该环节的数据。

影响展现量的是关键词；影响点击量的是描述；影响浏览量的是网站打开速度、服务器、3 秒印象、一句话定位；影响咨询量的是站内、站外运营；影响成交量的是话术。

了解了不同环节对应的关键因素，企业就可以分别针对不同环节进行优化调整。例如，企业信息展现量较低，企业可以研究潜在用户的搜索习惯、行业关键词特点等，对关键词进行优化；如果企业咨询到成交的环节出现问题，企业就需要从销售人员身上寻找问题，进行话术培训。

流量对企业的网络营销来说是根基，没有流量网络营销也就失去了意义，后续的工作都无法展开。从营销漏斗模型中我们也可以看出这一点，流量位于模型的最顶端，也是数量最大的一环。

营销漏斗中各环节问题分析如下：

1. 展现量环节：流量低

展现量的环节最容易出现流量低的问题。当企业发现网站流量较低时，首先要从推广账户设置上进行排查。排除账户原因之后，企业就需要从关键词入手。

问题 1：关键词种类较少。如果是关键词的种类太少，就需要增加关键词的种类，做到丰富的关键词。

问题 2：关键词匹配存在问题。在精确匹配、短语匹配、广泛匹配三种匹配模式中调整测试，做到优化匹配。

问题 3：关键词排名存在问题。解决思路是，提高关键词价格，对关键词创意重新优化。

2. 点击量环节：高展现量但是低点击量

点击量环节容易出现的问题是展现量较高，但是点击量却非常少。造成这种情况通常有三个原因：

首先是推广信息的位置不好，其次是关键词因为缺少创意导致没有吸引力，最后是关键词和搜索内容关联性太差。解决这个问题有三个步骤：

步骤1：分析报告。分析表现不佳的关键词推广报告。

步骤2：关键词筛选。将表现不佳的关键词按照展现量进行排列，找出展现量较高的关键词。

步骤3：定位原因。全面查看筛选出的关键词的出价、创意、排名等情况，定位原因，然后进行优化。

3. 访问量环节：停留时间短、跳出率高

企业网站在点击量没有问题的前提下，访问量环节出现问题，用户停留时间短，跳出率非常高。

解决方法有两个：

（1）变更访问URL：使用A/B测试的方法对访问URL做调整。

（2）检查网站本身：通过后台监测工具查看相关数据报告，找到网站本身的问题，解决问题。

4. 咨询量环节：咨询量低

咨询量主要受到展现量、点击量和访问量的影响，当这三个环节没有问题时，咨询量也就不会出现问题，所以不再单独进行分析。

5. 订单量环节：转化率低、订单少

在营销漏斗前四个环节都没有问题的前提下，企业订单量环节出现问题，转化量较低，原因通常分为两个方面：线下方面和线上方面。

线下方面：销售人员或者企业产品竞争力存在问题。如果是销售人员的问题，就需要企业多进行培训，提高销售人员的素质和能力。而如果是企业产品竞争力存在问题，无法打动消费者，就需要企业重新对产品进行策划。

线上方面：网络品牌形象不好。企业需要从多方面入手，打造良好的企业品牌网络形象。

◎ 提升 ROI 的黄金法则

每次谈到付费推广时，我都会想起广告大师约翰·沃纳梅克说的那句话："我知道我的广告费有一半是浪费的，但我不知道浪费的是哪一半。"在传统营销中确实如此，企业明明知道只有少数看到广告的人是潜在客户，但是仍然要不停地投入大量的资金在广告宣传上。而在网络营销中，只有点击才会收费，而不是像传统广告那样只要展示就需要收费。这也代表着浪费的广告费正在不断地被找回，企业在营销推广上的 ROI（Return On Investment）正在不断提升。

ROI 是指通过投资而应返回的价值，即企业从一项投资活动中得到的经济回报，也就是我们常说的投资回报率。

在网络营销中，经常会提到"效率"一词，因为每个企业都希望花最少的钱，获得最大的营销效果，其实就是在追求营销推广的高 ROI。那么企业应该如何去做，才能提高网络营销的 ROI 呢？

这是所有做网络营销的企业都关心的问题，所以我对此也做了很多研究，最后总结出了提升 ROI 的三条黄金法则：

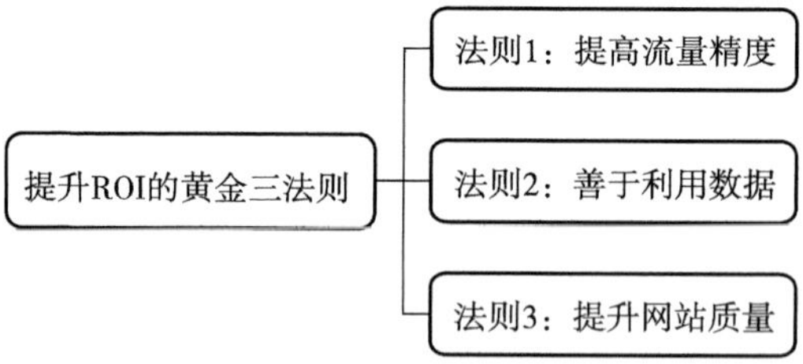

图 4－3　提升 ROI 的黄金三法则

法则1：提高流量精度

网络营销都建立在流量的基础上，它也是企业获得客户的前提。但是流量不仅要追求数量，更要追求精度。网络推广大多都是依靠点击收费，也就是说每个流量都是企业用钱换来的。如果流量的精度无法保证，就会有大量推广费用被浪费，ROI也就没有保证。

提升流量精度可以从以下两方面入手：

第一，提高关键词投放的精度以及匹配方式。关键词是网络推广的重中之重，无论是付费推广还是免费推广，都离不开关键词的选择，好的关键词可以大幅提升获取流量的精准度。

第二，通过数据工具对消费者行为进行分析，找到企业潜在目标客户群体的共同行为特征，然后选择适当的平台将营销信息投放给这些有共同特征的消费者。

法则2：善于利用数据

网络营销的所有环节都可以数据化，企业通过采集这些数据，优化企业营销广告的投入方案，减少资源的浪费。

企业从推广平台可以采集的数据包括：

投入成本：广告推广一共花费了多少资金；

展现量：一段时间内企业推广信息获得的展现次数；

点击量：投放推广信息被点击的次数；

获客成本：企业获得每个点击量的平均费用是多少；

客单价：企业每次成交的平均交易金额是多少。

除了收集分析以上和推广相关的数据，还要关注消费者以及消费者行为的相关数据，其中包括消费者的姓名、性别、年龄、联系方式、来源渠道、搜索关键词、关注的产品等，然后对收集到的数据进行分析，实现精准营销。

除此之外，企业还需要对关键词数据进行分析，删除那些转化率较低的关键词，节约企业营销开支。

法则3：提升企业网站质量

网络推广所获得的流量最终需要网站进行转化，所以网站质量也会影响流量是否能完成转化。

提高网站质量需要让企业站在消费者角度看待网站。通过角色的转换，企业才能像消费者一样思考，知道什么样的布局可以让消费者更加方便。同时，企业也要引导消费者，将重要的信息放在醒目的位置，吸引消费者注意。

消费者在浏览网站时，最关注的还是和产品相关的内容。所以企业需要利用网站将产品的核心卖点传递给消费者，促进成交。

为了让产品核心卖点足够有吸引力，通常核心卖点都以文字＋图片的形式出现在企业网站首页，占据网站核心的位置。卖点只是企业宣传的，能否发挥作用还要取决于是否能够让消费者相信企业，相信企业的卖点。

◎ 评估ROI的六个指标

网络营销的最终目的是企业带来收益，但短期的收益并不是完全以成交来计算的，它包括很多无法简单量化的收益，如品牌形象、企业知名度等。这就意味着我们很难用一个简单的除法公式计算出网络营销的ROI，这也是困扰很多企业的难题。

不过这道难题并不是无法解决的，企业可以从网络营销中的六个指标入手，这六个指标都和企业能否受益息息相关，最后企业就可以从六个指标结果中了解自己的网络营销是否成功。

图 4－4 评估 ROI 的六个指标

1. 覆盖量

覆盖量指的是营销所覆盖受众的数量或者范围，可以是推广信息的展现量，也可以是营销信息的传播量，还可以是营销活动的参与人数等。不同的营销模式，覆盖量的指代各有不同。

2. 访问量

通过后台软件查看在特定时段营销推广前目标网页的访客数量，以及营销活动后目标网页的访客数量，计算出同比增长的数量。

3. 转换率

转换率就是网站访客完成某个特定目标的比率，这里的特定目标可以是注册、添加购物车、咨询、分享等。

4. 成交率

营销的最终目的是成交，所以评估中自然不能缺少成交率评估，这也是网络营销中企业最熟悉也最关心的指标。

5. 平均客单价

平均客单价指的是每位客户成交的平均金额大小。评估这个结果是为了防止出现营销带来客户虽然成交数量较多，但是价值都较低，成交金额非常少的情况。这对于企业的网络营销来说也是失败的。

6. 影响力

影响力是一个较难量化的指标，但是通过媒体工具，企业还是可以进行量化的。例如，在公众号、微博上的粉丝有多少？企业发布信息有多少评论、转发？有多少意见领袖主动推荐、转发并推荐企业的信息？有多少媒体正面报道了企业信息？网民对企业的正面评价和负面评价各有多少？以上这些都是可以量化的数据，从这些数据中就可以看出企业在网络上的影响力有多大。

通过以上六个指标，企业就能大致评估出网络营销的效果，算出 ROI 数据是多少。

虽然营销的最终目的是成交盈利，但是短期营销目标却并不一定如此。例如，有的营销活动的短期目的就是提高企业知名度、树立企业品牌，有的营销活动则是短期内提升销售业绩，为企业带来盈利。

企业营销的短期目的不同，衡量的指标也就有所不同。上面所列出的六个指标都是网络营销最基本的指标。企业在实际应用时可以根据营销主题和营销目的不同，适当地对六个指标在评估结果中所占的比重做出调整，就可以正确评估出网络营销的效果，从而计算出 ROI。

渠道推广效果测试

全网营销要求企业全平台进行网络营销，所以，企业会有多个推广渠道。为了提供推广 ROI，减少不必要的推广支出，企业需要定期对所有推广渠道的效果进行评估，减少或者取消一部分效果较差的渠道推广计划。这时就出现了一个问题：企业应该如何区分每个营销渠道的效果。

区分不同渠道营销效果的方法包括软件统计法和人工统计法两种。

（1）软件统计法。软件统计法就是利用软件对流量来源进行统计。如今这类统计软件非常多，如 CNZZ、百度统计等，企业通过这些软件就可以知道不同渠道的营销效果。

不过有时软件统计并不一定准确。例如，企业在一些渠道推广时，会直接留下联系方式，客户不需要跳转官网就可以联系企业，对于这类情况，软件就无法统计。所以在使用软件统计时，企业还需要配合使用人工统计法。

（2）人工统计法。使用人工统计主要有两种方法：

1）标记法

一种是企业可以在不同渠道留下不同的联系方式，或者留下不同的联系人，这样企业根据联系方式或者联系人就可以知道客户来自哪里。例如，企业在A、B渠道都进行推广，A留下的是手机，B留下的是座机，这样企业根据客户是通过手机还是通过座机联系就可以知道客户的来源渠道，评估渠道的效果。

另一种是在网址上做标记。例如，京东在百度上既有付费推广也有免费推广，当我们通过百度搜索京东时，会出现三个京东的官网。第一个是品牌广告，第二个是普通广告，第三个是自然排名。其实三个网站都通向京东首页，区别在于进入首页之后三个网址各不相同。这是因为京东的推广人员在网址后面加了标记，方便后台人员了解不同推广渠道带来的流量。

2）询问法

有效流量最终一定会和企业取得联系，在联系沟通时，企业客服直接询问客户是从什么渠道获得信息的，就可以对渠道营销效果进行统计评估。

◎ 搜索营销的受众分析

90%的网民在进行网购时都是通过搜索推广进行购买的，搜索的平台包括百度、360、淘宝、天猫、京东、阿里等。

企业在做搜索营销之前，首先需要了解自己在互联网上有哪些客户。根据客户属性不同，将互联网的企业客户大致分为四种，分别是核心客户、目标客户、意向客户、潜在客户。

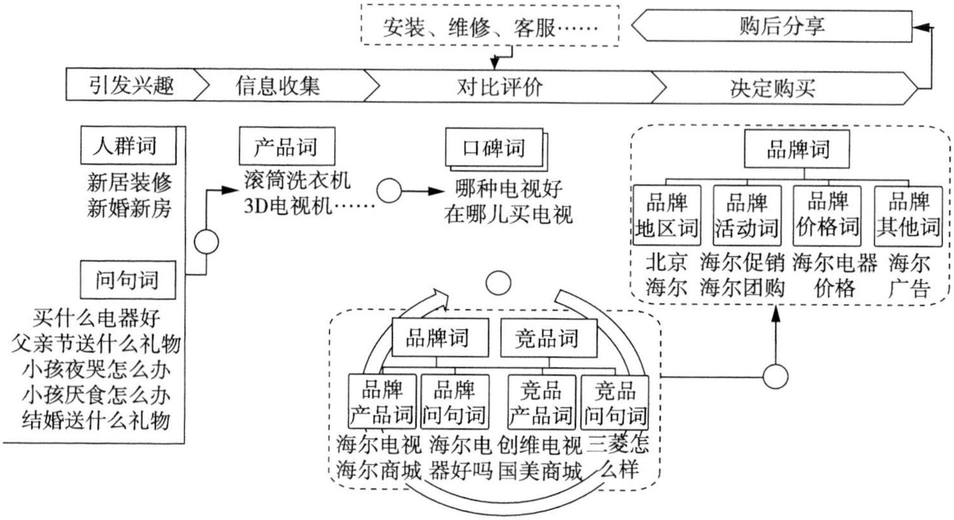

图 4－5　受众的典型检索行为

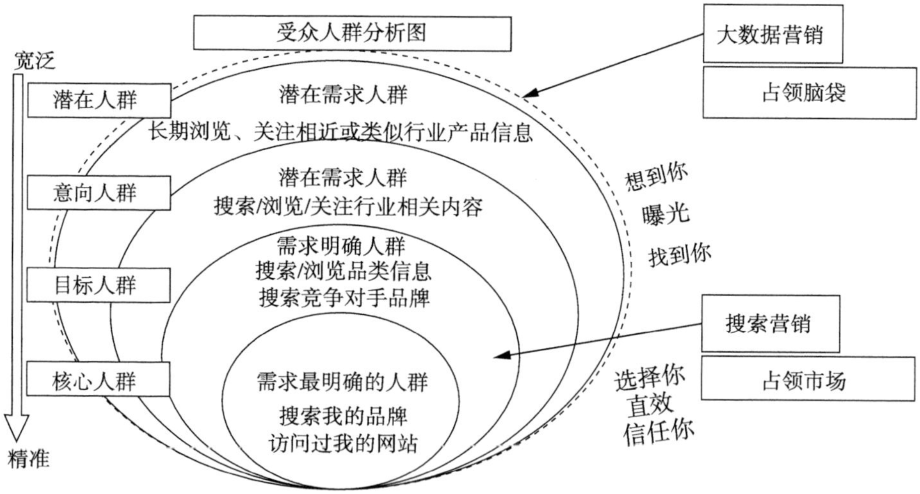

图 4－6　客户的四种类型

核心人群：知道企业品牌，直接通过互联网搜索企业品牌的客户。

目标人群：搜索竞争对手品牌的客户。

意向人群：搜索企业经营产品品类的客户。例如，客户搜索“电脑”，这个客户就是电脑企业的意向客户。

潜在人群：潜在客户不一定会直接搜索产品，而是搜索产品相关信息。例如，客户搜索“电脑配置的选择”，这个客户就是电脑企业的潜在客户。

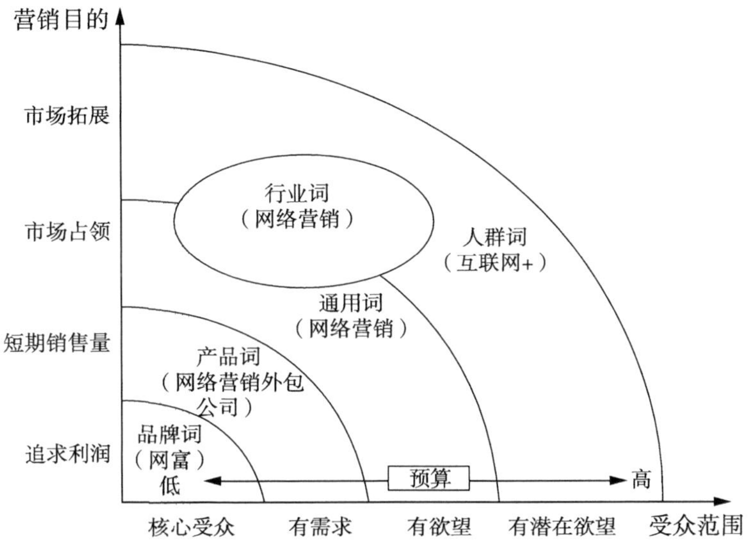

图4－7 企业营销目的和受众范围

◎ 案例：如何用三个步骤将验车公司流量提升20倍

我有一个客户是做代办验车的，姓年。因为验车这个行业线下很难实现精准营销，所以，年总主要在线上进行推广。

多数有验车需求的客户首先都会通过搜索引擎寻找提供服务的企业，因此年总做线上推广首先想到的就是搜索引擎付费推广，每月在这方面投入2万元做关键词推广。推广一段时间之后，年总发现推广效果非常一般，连推广费都很难赚回来。

线上推广入不敷出，线下又很难进行推广，这就陷入了两难的境地，于是年总就联系到了网富，让我的团队帮他做网络营销。

营销团队在接手这个项目后，先对过去一段时间年总的推广数据进行了了解和分析，发现年总当时做的关键词是照着第一名去的，费用是20元每次，2万元只能带来1000个流量。营销团队便建议年总不要再做第一名关键词推广，改做第三名关键词推广。

第三名关键词的价格是10元，费用是第一名的一半。这样一来，通过这个方法，每月2万元的推广费所带来的流量就增长了一倍，也就意味着咨询量和成交量都会有相应的增长。所以，和第一名关键词相比，第三名、第四名关键词的投入产出比才是最高的。

当然，有得就有失。企业关键词排名在第三位时，可能会出现客户直接咨询第一名企业，然后成交。不过这种情况出现的概率是比较低的，因为多数人在网上购买产品或者服务，都会有多家进行对比的习惯，这就让关键词排名靠后的企业也会得到竞争的机会。

在投入成本一样的前提下，采用第三名关键词的方式，可以让企业流量增加一倍。但这只是网富营销团队营销方案的第一步，还有第二步。

现在所有搜索推广渠道都有分时段竞价，不同时间段关键词价格是不一样的。例如，验车第三名关键词在上午9点价格是10元，中午12点价格是5元，晚上9点的价格只需要2元。合理安排推广时段，又可以为企业节省一定的营销费用。

又或者当第三名关键词价格为10元时，第二名关键词推广者下线了，不再继续推广。这时第三名就可以花10.1元成为第二名。当然，这些工作需要专业人员随时关注推广账户，根据情况随时调整推广价格，这个岗位我们称为“SEM”。

第三步，关键词重新筛选。验车行业的关键词多数人想到的无非是：验车、代办验车、快速验车、北京代办验车、丰台代办验车、大兴代办验车等。这些关键词也是多数验车公司都会去推广的。但是根据网富营销团队的数据分析，发现年总的企业每天通过“代办验车”关键词点击进入的数量有2000人次，其中有37%的点击都是无效点击，但是企业却要为此花钱，并且这些关键词都是热门关键词，价格较高。

为此，网富营销团队通过大数据分析，重新筛选关键词，最终挑选出了两个非常高效的关键词“验车需要带什么”“验车的流程是什么”。在主推这两个关键词之后，日点击量达到了6000人次，并且无效点击率降到了10%以下，而且这两个词不属于热门关键词，价格还较低。

通过这三个步骤，年总的企业支付和原来一样的推广费用，流量却增长了20倍。

4.2 影响付费推广效果的三个因素

◎ 网站：质量、到达率和跳出率

主要有三个因素影响企业付费推广效果：一是企业网站；二是关键词；三是地域性。其中网站是最重要的因素。

衡量网站优劣有三个指标：质量、到达率和跳出率。

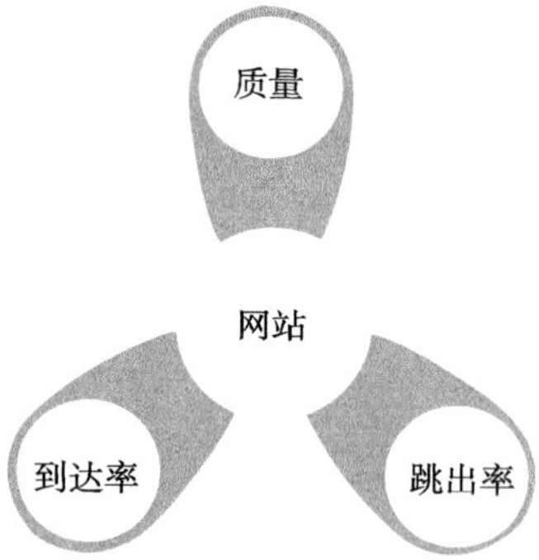

图 4－8　网站的三个指标

质量

网站自身的质量是第一位的，网站质量不好，付费推广带来的流量再高，没有转化率也带不来销量。好的企业网站要同时具备吸引力、公信力和营销力。如何搭建优秀的企业网站，我们将在“转化系统”的章节中详细论述。

到达率

企业在通过付费推广后，获得用户点击，但这并不代表所有人都会进入企业的网站，这就涉及到达率的概念。例如，有100个用户通过付费推广点击企业的网站，但是只有70个人到达企业网站，其他30个人因为网站响应慢等原因没有到达，此时到达率就是70%。而付费推广平台是按照100个人的点击次数来收费的，所以，到达率的高低会影响企业付费推广的效率。

跳出率

相当一部分用户在点击进入企业网站后，没有深入浏览，直接选择关闭跳出，跳出次数和所有访问次数的百分比就是网站跳出率。目前大多数企业的网站跳出率都在50%左右。跳出率较高的首要原因在于网站对用户缺乏吸引力，所以，如果一个企业网站的跳出率非常高，就需要考虑重新设计自己的网站首页。

◎ 关键词：广泛匹配、短语匹配和精准匹配

广泛匹配

企业在设置关键词时，经常使用长尾关键词，也就是由两三个词语组成的关键词。当企业开启广泛匹配后，用户只要搜索关键词中的部分词语，就可以搜索到企业的推广信息。这种匹配方式也是很多搜索引擎默认

的匹配模式。例如，企业设置的关键词是“园林绿化工程”，当开始广泛匹配后，用户搜索“园林学校”“装修工程”“消防工程”都可以找到企业的推广信息，因为这些词语中包含了关键词中的部分词语。

这时我们就会发现开通广泛匹配虽然能够提高网站展现量，但是容易让企业花很多冤枉钱。所以，对于小企业通常不建议使用广泛匹配，如果要使用广泛匹配，就必须有专业人员去“否定关键词”，也就是屏蔽一些不能带来转化的关键词。

短语匹配

短语匹配分为三种类型，分别是精准包含、同义包含以及核心包含。

精准包含是指短语中完全包含了关键词，才能触发推广信息的展示。还是用“园林绿化工程”这个关键词举例。当关键词设置精准包含时，用户搜索“北京园林绿化工程”时，就能触发信息的展示。

同义包含是指短语中的关键词有同义、颠倒、插入时同样会触发展示。例如，“园林绿化项目”也会触发“园林绿化工程”这个关键词。

核心包含是百度会自动分析企业关键词的冗余成分，当用户搜索去掉冗余成分后的核心内容时，就会触发信息展示。例如，“市政园林绿化项目”就可以触发信息展示条件。

精准匹配

精准匹配就是只有搜索企业设定的关键词，企业推广信息才会被搜索出来。还是用上面的例子：企业设置的关键词为“园林绿化工程”，使用的是精准匹配，那么用户只有一字不差地搜索“园林绿化工程”才能找到企业推广的信息。

◎ 地域性：如何针对地域精准投放

所有付费推广平台默认都是针对全国范围进行推广，但很多企业所提供的产品或者服务都会受到地域的限制。例如，一个北京的企业是做装修的，那么它的业务覆盖范围就应该是北京及北京周边地区。如果这个企业的推广范围是全国，全国各地的用户搜索关键词都可以找到，就会造成大量的浪费，因为这些点击咨询对企业来说都是无效的。

所以，企业首先可以从地域关键词优化开始。例如，使用一些区域和产品相结合的关键词进行营销推广，如“北京××”“上海××厂家”“天津××维修”等，企业还可以在当地有影响的行业论坛进行推广营销。这两种方法都可以让外地购买者找到企业的信息。

影响企业付费推广效果的因素还有很多，上面提到的三点只是多数企业容易忽略的。如果企业能够在这些方面做到位，就可以达到花同样的钱，网站流量提高几倍的效果。

4.3 搜索引擎效果优化

◎ 竞价广告、网盟推广与网络媒体推广

竞价广告

竞价广告是互联网时代，用户自主投放、自主管理，按照广告效果付费的一种广告形式。广告展现条件是依靠用户搜索关键词触发，当用户搜索企业设置的关键词后，企业广告信息便会展现出来，如果只是展现但是用户没有点击，企业就不需要为此付费。所以，这是一种相对可控的营销推广方式，也是网络营销的重要组成部分。

竞价广告主要分为两大类：搜索引擎推广和站内搜索推广。

1. 搜索引擎推广

搜索引擎推广即企业在搜索引擎平台进行关键词竞价推广。竞价推广是搜索引擎的主要利润来源之一，所以目前国内排名前列的搜索引擎都支持投放竞价广告，其中最大的就是百度，市场占有率高达70%以上，可以说是一家独大，也是所有付费推广企业必投的渠道，接下来我们就以百度为例介绍搜索引擎推广。

在搜索引擎竞价推广中，最关键的是触发推广信息展示的关键词。同

样的关键词，在推广后台选择了不同的匹配形式，取得的效果也是完全不一样的。

搜索引擎推广还包括移动端竞价推广。随着移动互联网的发展，现在移动互联网大有取 PC 端而代之的趋势。所以，企业在做全网营销时，除了 PC 端搜索引擎推广，移动端的推广也不能忽视。

与 PC 端搜索引擎推广相比，移动端有一定的优势。移动的推广信息展现量和点击量都比较高，竞价点击费用却低于 PC 端。同时在移动端推广，客户可以非常方便地选择电话咨询，有效提高了询盘量。

对 PC 端竞价推广大部分企业都比较熟悉，对移动端竞价推广很多企业还感觉有些陌生，那么移动端竞价推广和 PC 端有什么不同呢？或者企业做移动端竞价推广有什么需要注意的呢？

第一，移动端竞价推广是建立在企业有移动端网站的基础上。虽然在移动端推广也可以引流到 PC 端网站上，但是 PC 网页在手机上展示会让用户感觉非常不方便，这会严重影响竞价推广的效果，白白浪费推广费用。所以，企业在进行移动端竞价推广前要建立移动端网站。

第二，注意接听电话。移动端询盘多数都是通过电话进行的，如果企业没有及时接听客户电话，很可能会因此失去客户。

第三，移动端整体推广策略可以参考 PC 端，但是在设置广告标题以及产品内容详情时，需要考虑移动端和 PC 端的区别，适当做出调整。

2. 站内搜索推广

第三方电商平台也是很多企业网络营销的重点，如阿里巴巴、天猫、京东等，这些第三方平台都有自己的付费推广体系。例如，我们在天猫上搜索手机，排名靠前的多半都是通过竞价推广才获得靠前排名的。

不同第三方电商平台的竞价平台条款各不相同，使用的策略也各有不同，但是竞价推广的基本模式不会有太大变化。所以企业在这些平台做竞价推广时，首先要了解自己从事的行业在平台上的市场情况，然后研究清楚竞价条款，再制定相应的竞价推广策略。

网盟推广

网盟就是网站的广告联盟，是精准投放广告的一种。网盟平台其实是一个共享平台，它的作用就是将投放广告需求的企业和众多希望获得广告收入的网站资源进行匹配，算是一个资源整合，其收费方式和普通竞价推广模式一样，都是按照效果计费。

也许对网络营销了解较少的人并不知道网盟推广，但是几乎所有上网的人或多或少都遇到过网盟。

很多人上网都碰到过这样的事情，当自己在电商平台搜索过某种商品后，即使离开了电商网站，在浏览企业网站时，也经常会看到自己搜索过产品的推荐广告，这就是网盟广告。

网盟广告的特点就是高展现量。当企业通过一家网盟平台进行付费推广时，就等于在数十家甚至上百家企业网站投放了广告，并且是基于人群定向进行投放广告。目前国内主流搜索引擎平台都有自己的网盟平台，其他还包括淘宝客、广点通等。

与搜索引擎推广相比，高展现量是网盟推广的优势，但是它的劣势也比较明显，就是转化率相对较低。针对网盟广告的特点，企业在做推广时需要注意以下几点：

（1）正确选择地域。网盟推广可以对地域进行选择，企业要根据行业具体情况选择主要面向的地区，然后只推广这些地区。

（2）网盟有多个行业网站可以选择，企业要选择和自己行业相近的网站投放广告，尽量避免诸如娱乐类的网站。这类网站流量非常高，但通常转化率非常低。如果企业从事的行业和娱乐有关，也需要慎重选择推广网站。

（3）屏蔽一些低质量的网站，如自带非常多的广告，或者访问速度非

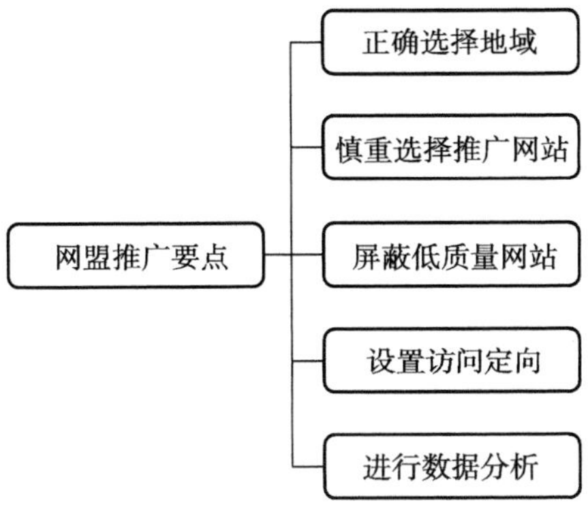

图4－9　网盟推广要点

常慢的网站。

（4）设置访问定向，持续向到达过某一页面的访客展示广告，促进交易的完成。

（5）进行数据分析。网盟推广每天的展现量非常大，点击量相对应的也会非常高。企业需要及时对这些数据进行分析，对推广计划做出适当的调整，否则很容易浪费大量的广告费。

网络媒体推广

网络媒体推广就是企业利用互联网媒体实现推广的目的。这是一种网络公关行为，企业整合各种媒体资源进行网络公关，以达到产品宣传、品牌建设等目的。

如今，网络媒体已经成为信息传播的主要途径。网络媒体能够让一个不知名的企业一夜之间全国闻名，也可以让一个知名企业一夜之间形象全无，这就是网络媒体的力量。

网络媒体的力量现在已经没有哪个做网络营销的企业会忽视，网络媒体推广便就此产生。

1. 自媒体推广

微信、微博等自媒体在信息传播方面的作用不用多说，接触过网络营销的人都知道。这就让自媒体成为网络媒体推广的重要渠道。

企业利用自媒体传播实际上是一种粉丝经济，取得的效果与企业能够整合的粉丝数量息息相关。

在自媒体上存在很多意见领袖，他们拥有数量庞大的粉丝群体。这些意见领袖就可以成为企业整合的资源。当然，这是需要付费的。通常意见领袖会按照粉丝数量进行报价，粉丝数量越高，价格也就越高。

当然，与意见领袖合作只是自媒体推广中较为常见的一种方法，自媒体平台也针对推广给出了渠道，如粉丝通、粉丝头条等，这些都是自媒体推广的渠道。

2. 网络媒体公关

网络媒体公关是指企业利用网络媒体传播有利于企业发展、市场影响力的信息。

2016 年 4 月，一个顺丰快递员因为和私家车发生剐蹭被打的视频被曝光到网上。事件被曝光后立刻就成为微博热搜的第一名，成为热门事件。

事件曝光之后，顺丰官方第一时间挺身而出，表示会照顾好被打员工。平时非常低调的顺丰总裁王卫也发表声明，表示如果这件事情不追究到底，就不配做顺丰总裁。打人者最终被找到并且被警方拘留，事情得到解决。

顺丰的这次事件就是一次典型的网络媒体公关案例，通过这次事件，顺丰既为被打员工讨回了公道，还在广大网民之中提高了企业的形象，顺丰总裁王卫在此之后成为有担当、有人情味领导者的代表。

◎ 如何提升推广的有效性

在网络营销推广中，有人能保证自己所有的推广信息都是有效的吗？我想没人敢做出这样的保证，我也是如此。虽然现在可以利用大数据工具评估营销推广效果，但是这种方法也不可能精确到每一条信息。所以，为了让自己的营销推广可以取得预期的效果，我们能做的就是最大限度地提升自己推广的有效性。

网络营销推广的方式众多，在这些推广方式中，最难以评估，也是最容易产生无效推广的是被动推广方式，其中最具普遍性和代表性的就是搜索引擎优化和网盟推广。所以，在提升推广有效性方面，我们就以这两种方式为例，逐一分析提高推广有效性的方法。

企业推广效果如何，和搜索引擎优化有着密切的关系。所以，企业想要提升推广有效性，需要着重关注搜索引擎的优化，从以下五个方面去入手。

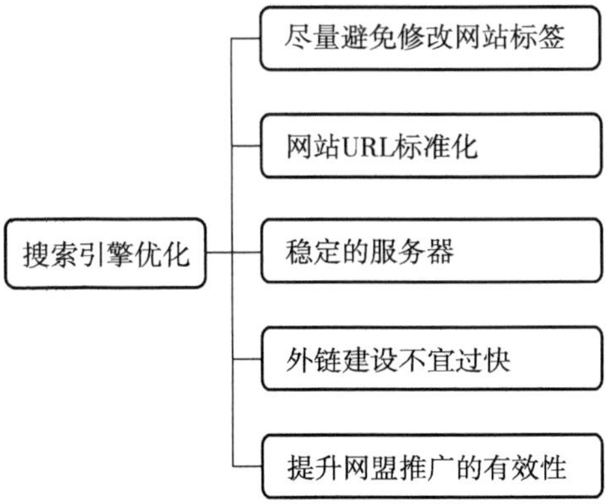

图4－10　搜索引擎优化

1. 尽量避免修改网站标签

网站内容需要有规律地经常进行更新，最好做到每天都有更新。但这只针对网站内容，而不是网站标签。

网站标签是搜索引擎识别判断网站权重的重要依据，所以，对于网站标签的变动搜索引擎是非常敏感的。如果一个网站标签频繁修改，将会直接影响到网站的排名变化，甚至有可能被 Pass 掉。

2. 网站 URL 标准化

随着互联网发展迅速，万维网已经成为大量信息的载体，企业的网络推广信息也在其中。搜索引擎为了有效提取并利用这些信息，都会使用按照一定规则自动抓取信息的程序或者脚本，我们称为网络爬虫。

网络爬虫会对应搜索引擎访问的网站页面内容记录下网页的 URL，如果一个网页有多个 URL，搜索引擎就不知道哪一个 URL 才是需要被展示的。

3. 选择稳定的服务器

多数企业的网站都是租用虚拟的服务器，如今虚拟服务器供应商众多，提供的服务质量也参差不齐。

一个不稳定的服务器会导致网站关键词排名不稳定、百度快照更新缓慢等，同时还容易让网站被降权，或者被搜索引擎 K 掉。因此，选择稳定的服务器对提升搜索引擎优化效果有重要影响。

4. 外链建设不宜过快

外链数量也是搜索引擎对网站进行评估的一个标准，这就让很多企业网站疯狂发展外链，认为外链越多越好，但实际并非如此。

如果是新建网站，搜索引擎默认不会拥有太多的外链，如果此时网站外链非常多，搜索引擎就会认为网站存在一定的问题，这对网站的权重排名是非常不利的。

另外，在发展外链时，如果短时间内增加大量外链，搜索引擎会认为这是不正常行为，既而会判断网站存在作弊可能，这也对网站非常不利。

5. 提升网盟推广的有效性

网盟推广也是一种非常容易产生无效推广的方式，但也是众多企业非常喜欢使用的方式。虽然网盟推广不够精准，但是曝光量比较高，同时推广费用也比较低。

网盟推广的无效信息主要是因为一些无效曝光网站，所以，想要提升网盟推广的有效性，必须从屏蔽无效曝光网站入手。

第一类无效网站：和行业毫无关联的网站。

一些网站虽然有较高的流量，但是和企业从事的行业毫无关联，浏览网站的人很少是企业的目标客户，这样的网站就需要屏蔽。

第二类无效网站：低转化率网站。

根据后台数据，企业需要掌握每个网站的转化率。如果一个网站的转化率较低，就需要屏蔽这样的网站。

第三类网站：点击量异常的网站。

一个网站点击量非常高或者非常低都属于异常情况。点击量非常低的网站很难产生成交，所以应该屏蔽。点击量过高的网站会消耗大量的推广费用，如果效果不是非常明显也需屏蔽，将省下来的推广费用用到寻找更高效的网站上。

4.4 关键词的优化

◎ 推广关键词的主要分类

消费者通过网络获得想要的产品信息，需要通过搜索完成。所以，消费者搜索的词语对做网络营销的企业至关重要，这个词语就是网络营销中经常提到的关键词。

我们根据关键词的功能和特点不同，可以将关键词分为五种类型：泛关键词、长尾关键词、问答关键词、借力关键词、主打关键词。

泛关键词

泛关键词通常指行业名称或者产品名称。这类关键词涵盖内容非常广泛，所以称为泛关键词。

泛关键词一般包含两种关键词：产品词和品牌词。

产品词是推广关键词中必备的词语，如汽车、手机、电脑、服装、家具、互联网营销等。这类词语搜索量较大，必须和其他词搭配在一起使用。

品牌词就是品牌的名称，如苹果、小米、格力、海尔等。企业在关键词中加入品牌词，主要是针对有一定沉积老客户的企业，或者在品牌塑造上比较成功的企业。

泛关键词拥有较大的搜索量，但是却不适合直接成为企业付费推广的关键词。因为虽然拥有搜索量，但是因为涵盖内容广泛，用户搜索这个关键词的目的也非常多，所以它的精准度非常低。如果企业直接将其设置为关键词，虽然会为企业带来较大的点击量和浏览量，但是转化率非常低，大量浪费企业的推广费用。

虽然泛关键词不适合直接成为推广关键词，但是企业却可以使用它和其他词语进行组合，提高关键词的精度，如长尾关键词。

长尾关键词

长尾关键词的定义是非目标关键词，但与目标关键词相关的也可以带来搜索流量的组合型关键词。上面提到的泛关键词和其他可以提高精度的词语进行组合，组成的关键词就是长尾关键词。

比如，“北京汽车维修”就是长尾关键词，它是由泛关键词“汽车”，搭配地域关键词“北京”，以及提供服务表述关键词“维修”组合而成。

如何选择和泛关键词搭配词语组成长尾关键词，需要企业从目标消费者搜索习惯上入手，然后在泛关键词的基础上进行组合，找到企业需要的长尾关键词。恰当的长尾关键词不但可以让企业网站获得高点击量，还可以获得高转化率，所以企业可以使用长尾关键词进行付费推广。

问答关键词

问答关键词，就是站在消费者角度，以问题形式出现和企业产品或者服务有关的关键词，问答关键词有时没有直接涉及企业的产品，表示的是潜在客户和企业产品相关的兴趣点。例如，“买二手车应注意哪些问题”“如何挑选眼镜框”，足球鞋厂家的问答关键词可以是“如何练习吊射”。

问答关键词被很多企业所忽视，因为问答关键词搜索量不是很高，但是使用问答关键词对企业还是非常有用的。

首先，虽然这种关键词搜索量较低，但是在搜索关键词的用户中，企业的潜在客户非常多。

其次，在免费推广中多使用问答关键词，不但可以帮助消费者解决问题，还有助于企业网络口碑的建立。

最后，网络上的问答平台非常多，如百度知道、知乎等，这些平台的用户数量非常大，企业使用问答关键词在这些平台上进行营销推广，能够在那些潜在消费者大脑中植入自己的品牌，影响今后消费者的购买选择。

借力关键词

借力关键词和借力营销非常类似，就是借助当下热点事情、名人等容易吸引眼球的词语和与行业有关的关键词进行组合，以此提升企业网站的流量和品牌知名度。和借力关键词息息相关的就是竞品词，严格来说竞品词可以看作借力关键词的一个分支。

竞品词就是竞争对手品牌的词语，如淘宝就是京东的竞品词。前几年，我们在百度上搜索淘宝，会发现排名第一的竟然是京东，这就是京东使用了“淘宝”这个竞品词，而效果也是非常明显的。

不过现在多数企业都会申请品牌保护，一旦申请成功，企业只能在后台提交词语，而无法直接展现被保护的竞品词。不过这不代表不能投竞品词，企业需要做的就是分析竞品词的转化成本，只要在企业可以接受的范围内，就可以继续使用。

借力关键词最重要的就是时效性，这点在借力营销中我们已经讲过，此处不再赘述。

主打关键词

严格来说，主打关键词不是关键词的一个种类，任何种类的关键词都可能成为主打关键词，这主要是看企业如何选择。通常，主打关键词以长尾关键词居多。

主打关键词是企业在长期推广活动中总结出来的最高效的关键词，也是企业主要推广的关键词。主打关键词要避免和泛关键词重复，减少不必要的浪费。

主打关键词是企业重点推广的词语，所以选择上要非常慎重。同时随着企业的发展以及市场的变化，主打关键词也是需要不断变化的，而不是死守一个不做改变。

◎ 自由组合式扩展关键词

家住北京昌平的陈先生最近电脑坏了，于是他就用笔记本电脑搜索“电脑维修”，得到以下结果：

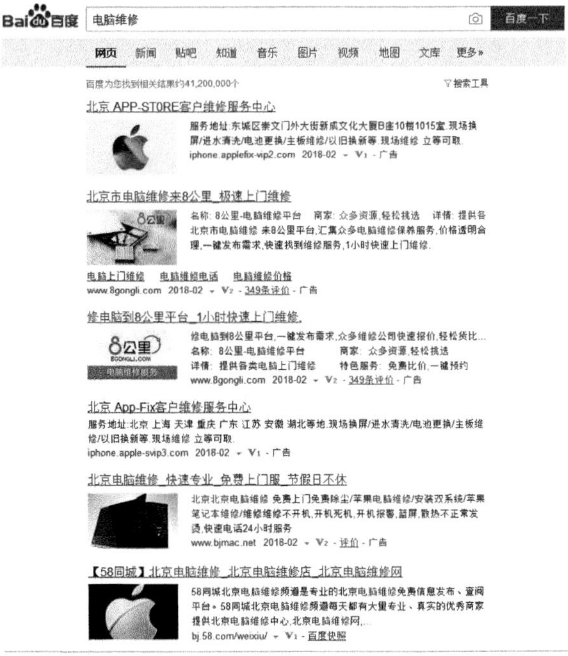

图4－11 搜索“电脑维修”的结果

虽然现在多数企业推广都会设置地域，显示结果都是可以服务北京的，但是各个区的都有。为了尽快找到较近的商家，陈先生在搜索关键词加上了地点“北京昌平电脑维修”。结果如下：

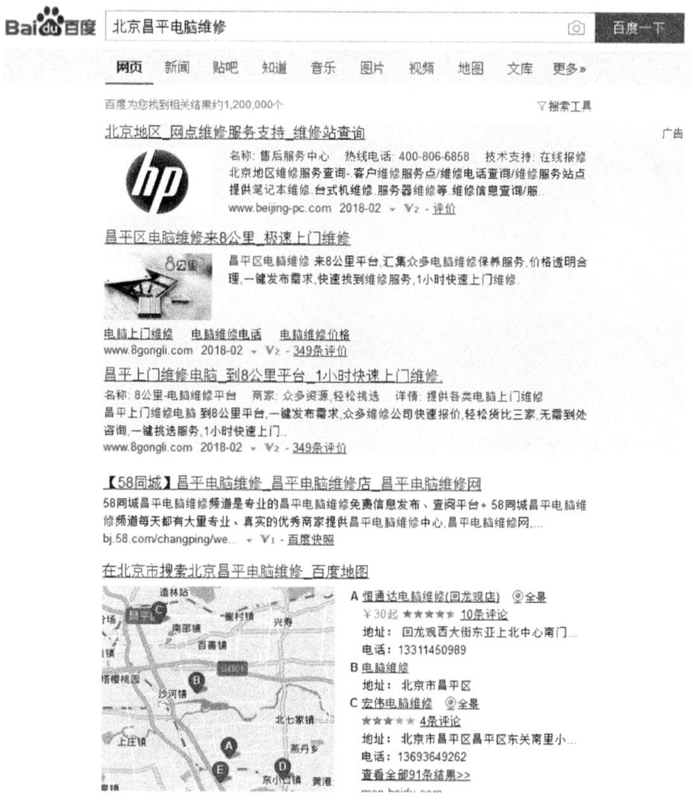

图 4－12　搜索“北京昌平电脑维修”的结果

陈先生的台式机损坏了，主机搬运起来不是很方便，所以希望能够上门服务，所以他又搜索“北京昌平上门电脑维修”，结果如图 4－13。

在经过一次次精细化搜索后，陈先生终于找到了自己想要的服务，联系商家很快上门修好了自己的电脑。

陈先生不断细化的搜索过程就是消费者的搜索习惯。从这个案例中我们会发现，很多时候消费者的需求用一两个关键词无法表述清楚，需要用

图 4－13 搜索“北京昌平上门电脑维修”的结果

很多个关键词组合而成，基本形式是围绕着产品或者服务这个泛关键词同多个词语进行组合，组合最终的结果就是长尾关键词组合，这个既是陈先生的需求关键词，也是企业的关键词设置目标。

长尾关键词的组合

长尾关键词的组合形式非常多，同泛关键词进行组合的词语主要包括以下几种类型：

（1）产品特点或功能（如高清、前后 2000 万像素、高蛋白、低热量等）；

（2）品牌名称或型号（如苹果手机、奥迪 Q5 等）；

（3）应用领域或地域（如北京、幼儿园等）；

（4）产品产地（如德国制造、进口产品等）；

（5）商业模式（如直销、加盟等）。

这五个分类的关键词，企业可以从中选取对企业性价比最高的进行组合。

以“电脑”这个泛关键词为例，一部分消费者会根据用途不同来挑选电脑，所以我们将电脑和产品特点或功能结合，可以得到游戏电脑、办公电脑、绘图电脑等关键词。

很多消费者在购买电脑时都对品牌有要求，所以我们将电脑和品牌名称或型号进行组合，可以得到苹果电脑、惠普电脑、联想电脑等关键词。

消费者在选择一些产品时会对生产地域有要求，所以企业需要将泛关键词和地域词语进行结合，得到类似这样的关键词：法国葡萄酒、韩国泡菜、日本寿司等。

企业提供服务很多都会受到地域的限制，企业就需要将服务泛关键词和应用领域或地域词进行结合，得到北京租车服务、天津租车服务、上海租车服务等关键词。

泛关键词还可以和商业模式相结合，如本书中提到的“烤肉加盟”。

通过组合，一个泛关键词可以拓展出数量惊人的长尾关键词。不过并不是所有组合出来的长尾关键词都可以使用，需要企业去分析目标客户的消费需求和行为习惯，然后再挑选合适的长尾关键词进行推广。

◎ 如何利用百度指数确定和优化关键词

企业投放关键词需要参考用户的搜索习惯，如何获得用户搜索习惯呢？这就要用到百度指数。

百度指数是一个统计分析平台，百度官方给它的定义是：以百度海量网民行为数据为基础的数据分享平台，是当前互联网乃至整个数据时代最重要的统计分析平台之一，自发布之日起便成为众多企业营销决策的重要依据。

通过百度指数，我们可以得知某个关键词的搜索量，一段时间内的搜索变化，还搜索了哪些相关词语，以及搜索这些关键词的人群画像。从上面介绍的这些功能我们可以得出，百度指数实际上是一个免费大数据平台。因此，百度指数是每一个做全网营销的企业都必须使用的工具，现在我们就来看如何使用这个功能强大的工具。

搜索趋势

我们以关键词“苹果电脑”为例，当我们使用百度指数搜索该关键词后，首先看到的是关键词的搜索趋势。

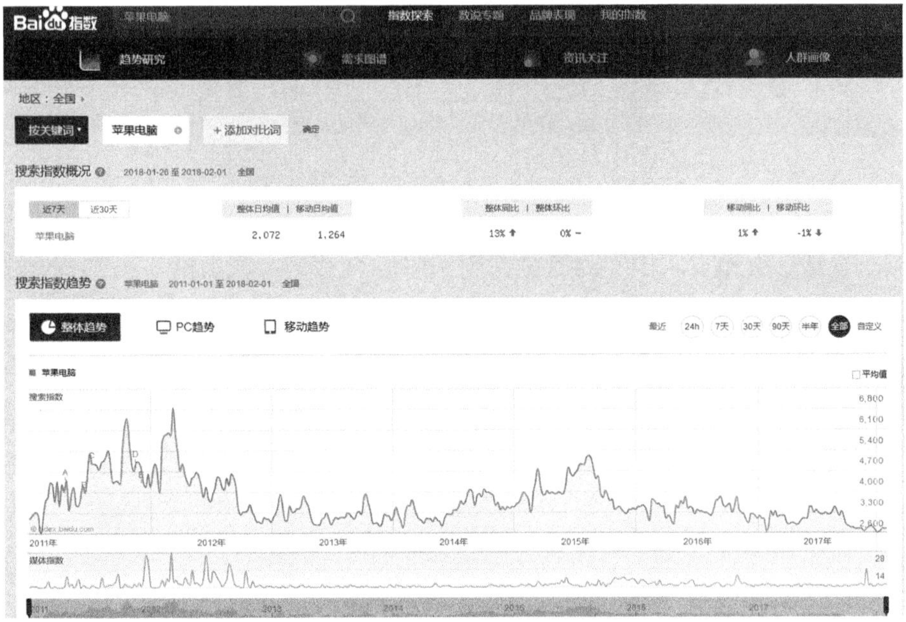

图4－14 “苹果电脑”在百度指数上的搜索趋势

通过百度指数我们可以查询从 2011 年到现在，“苹果电脑”这个关键词的搜索指数变化趋势。

需求图谱

我们点击“需求图谱”选项之后，得到这样一个界面：

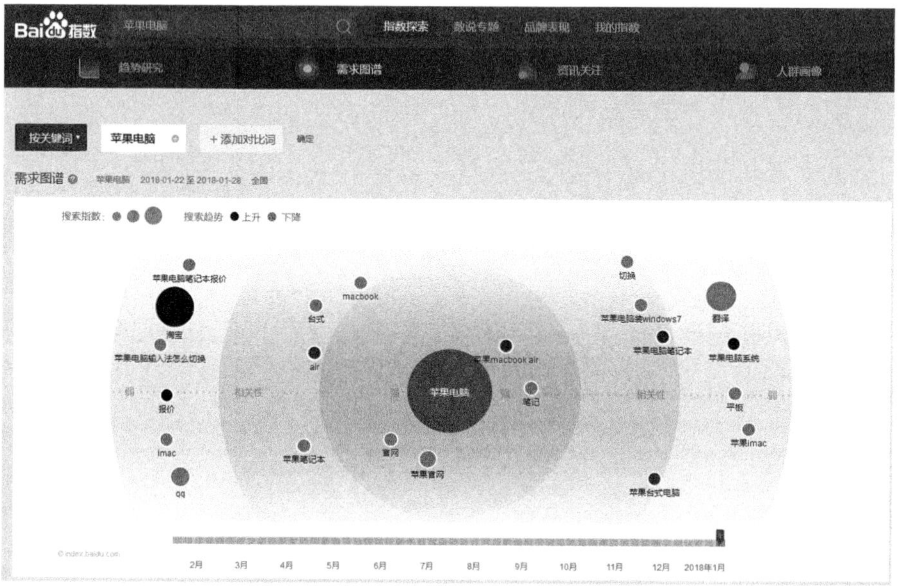

图 4－15　“苹果电脑”的需求图谱

在这个页面上，中间的黑色大圆是中心检索词，旁边的小圆都是相关词。其中小圆距离中心检索词的距离代表两者的相关程度，深灰色代表相关词自身搜索指数上升，浅灰色则表示相关词自身搜索指数下降。

资讯关注

资讯关注包括两部分内容：资讯指数和媒体指数。

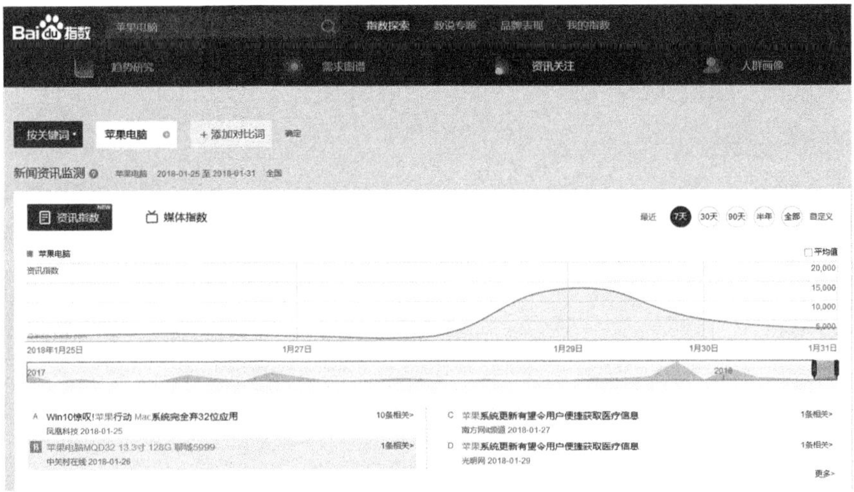

图 4－16 “苹果电脑”的资讯指数

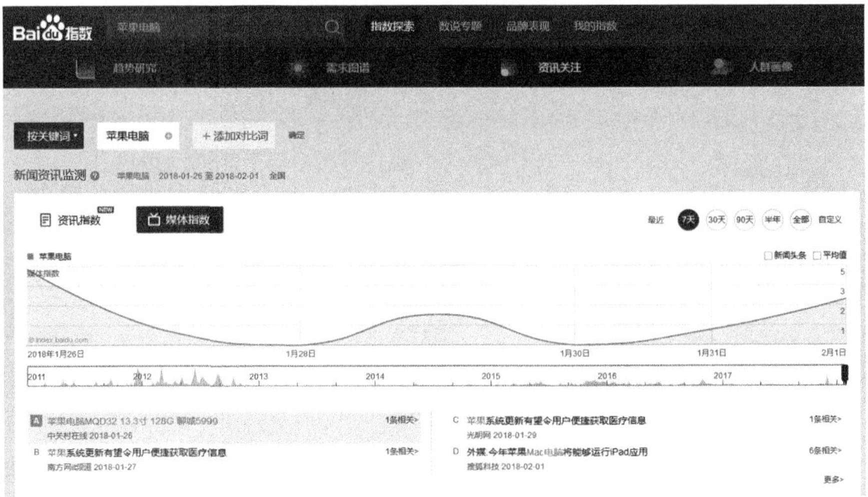

图 4－17 “苹果电脑”的媒体指数

资讯指数是以百度智能分发和推荐内容数据为基础，将网民的阅读、评论、转发、点赞、不喜欢等行为的数量加权求和。

媒体指数是各大互联网媒体报道的新闻中，与关键词相关的，被百度新闻频道收录的数量，采用新闻标题包含关键词的统计标准，数据来源、计算方法与搜索指数无直接关系。

人群画像

接下来就是人群画像。

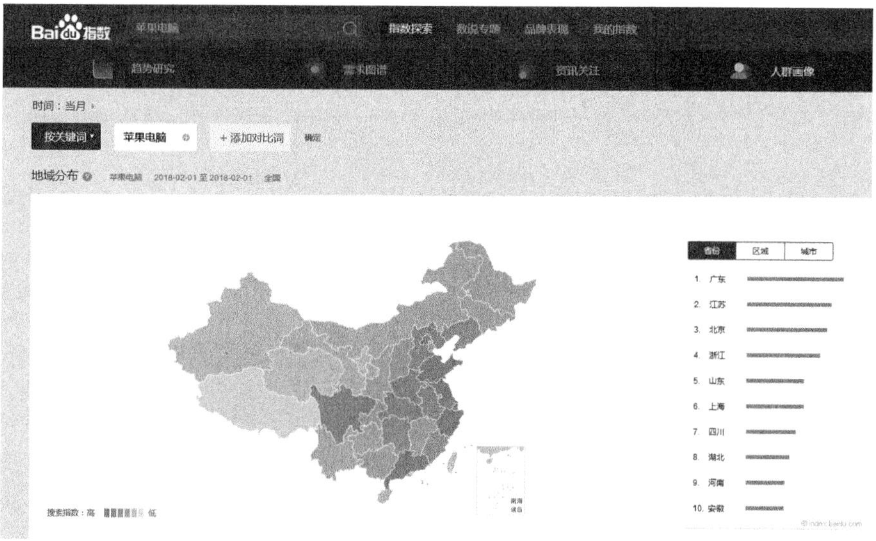

图 4－18 “苹果电脑”的人群画像（1）

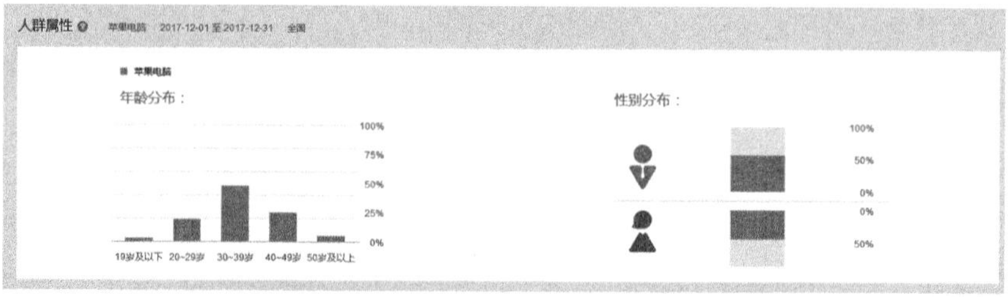

图 4－19 “苹果电脑”的人群画像（2）

从人群画像中我们可以知道搜索关键词的用户都来自哪些地区，还可以知道搜索人群的年龄和性别占比各是多少。

◎ 网站被搜索引擎降权和屏蔽的原因分析

搜索引擎会对每一个网站赋予一定的权威值，也就是我们常说的权重。一个网站权重越高，在搜索引擎的收录量就越多，排名也就越靠前。而权重被降低，网站的收录量、排名都会受到严重影响，甚至可能会被屏蔽。

因为对百度相关机制不够了解，在优化网站时造成降权的情况很常见。为了尽可能避免这种情况的发生，我们就需要知道哪些原因可能会导致企业网站被降权甚至被屏蔽。

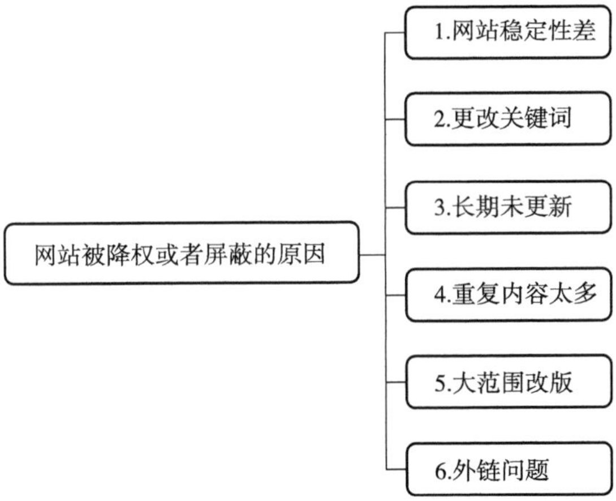

图 4－20　网站被降权或者屏蔽的原因

1. 网站稳定性差

如果企业网站无法打开，或者打开速度非常慢，网络爬虫无法获得网站信息，企业网站就会因此被降权。

在很多外行人看来，影响网站权重的因素主要是网站的内容，其实不然。影响网站权重的因素除了内容之外，网站服务器的稳定性、访问速度也是很重要的因素。根据相关统计，因为网站无法打开或者打开速度太慢而损失的流量平均高达20%，也就是说企业有20%的营销费用都在这上面浪费了。提高网站稳定性和速度首先要选择好的服务器或虚拟主机，其次就是在技术上对网站进行调整，如尽可能地减少http请求、使用CDN等，这些都是专业性较强的事情，需要专业的人去做。

2. 更改关键词

网站也存在关键词，不过和推广关键词不一样，网站关键词一旦确定就不要轻易改变。因为网络爬虫是依靠关键词识别网站的，如果网站经常改变关键词，很容易被误认为是新网站，然后就被降权。同时，一个页面的关键词数量是有要求的，过多的关键词反而会被降权。

3. 长期未更新

爬虫是每天按时光顾网站的，如果网站内容总是没有更新，爬虫就会降低光顾的频率，网站就会因此被降权。

所以网站要做到日日新，每天都要有新的内容，更新时间最好保持固定。

4. 重复内容太多

搜索引擎不喜欢重复性的内容。如果网站发布了很多内容一样的信息，就会受到降权触发。还有一些企业在网站上发布产品，不同产品页面除了图片和参数不一样，其他内容完全一样，相似度非常高，这也会被认为是重复内容，从而导致降权。

5. 大范围改版

如果企业网站突然大范围改版，如域名、内容、模板都做了更改，搜索引擎就会重新对网站进行评估，在重新评估的时间里，网站的权重会下降。

6. 外链问题

外链数量和质量都会影响网站的权重。然而一些网站运营者只关注数量，不关注质量，所以选择购买外链。一旦被搜索引擎发现这种行为，网站必然会被降权。另外，外链是互相联系的，一旦企业链接的网站权重被降低，企业网站自身也会受到影响。

丢失过多的外链也会导致网站被降权，通常丢失比例在15%以内是安全的，如果超过这个比例，网站也有可能会被降权。

过快的增长外链同样也会被降权，特别是对于新网站。外链过快增长会被搜索引擎认为是作弊，降权就会落到企业网站身上。

因此，企业在添加外链时要注重外链质量，防止被牵连降权或者关闭导致丢失外链。同时保证外链数量的稳定，不要短时间内丢失大量外链，也不要短时间内增加太多外链。

上面六点就是企业网站最容易被降权的原因，所以企业在建设好网站之后，还需要专业的团队精心维护，而不是建设好之后就放到一边，不再理会。

◎ 附录1：企业关键词横向扩展工具

关键词横向拓展工具

一、关键词

主关键词：________________

别称关键词：________________

同义关键词：________________

俗称关键词：________________

近义关键词：________________

错写关键词：________________

缩写关键词：________________

英文关键词：________________

二、潜在需求词

替代行业词：________________

____

____

____

创意描述：________________

____

____

____

说明：

替代行业词：客户不知道或还没有意识到有这个行业的解决方案，他就会搜索有其他行业/产品的解决方案，这时我们的推广可以跟上。例如，搜索“雾霾口罩”可能会买“空气净化器”，所以“雾霾口罩”就是“空气净化器”的替代行业词；转化率不高，适合产品的行业知名度低，开拓市场用，适合品牌推广，如“泳池硅藻土过滤机”。

三、目标人群词

____

____

____

____

创意描述：______________________________

____

____

____

说明：

目标人群词：这类客户近期会购买，但目前需求还不是非常紧急。例如，搜索“新婚新房”“新房装修”的人群，可能会购买“电视”。

四、求助方案词/抱怨词

____

____

____

____

创意描述：______________________________

____

____

____

说明：

求助方案词：这类客户最近有了麻烦，但不知道怎么解决。例如，股骨头坏死的前期症状是关节痛，很多客户就会搜索“关节痛怎么办”，还有牙龈肿痛怎么办、宝宝挑食怎么办、钥匙丢了怎么办、得了抑郁症怎么办。

◎ 附录2：企业关键词纵向扩展工具

关键词纵向扩展工具

一、长尾关键词扩展

1. 盈利模式：□批发　□招商　□加盟　□招商加盟　□经销　□总经销　□外贸　□出口　□加工　□直销　□零售　□代理

____

2. 产品特征：______________________________

____

3. 功能：______________________________

____

4. 应用领域：______________________________

____

5. 销售地域：□全国　□海外　□部分地区

____

____

____

6. 知名产地：______________________________

7. 规格型号：______________________________

____

8. 材质质地：______________________________

____

9. 营销型词：□供应 □求购 □采购 □购买 □订制 □订做 □订购 □定做 □定制________

10. 费用型词：□费用 □价格 □报价 □花费特价 □促销 □要多少钱 □多少钱成本 □花费多少 □需要多少钱

____

11. 公司型词：□公司 □厂 □厂家 □生产厂家 □工厂 □单位

____

12. 颜色类词：________

二、评估词扩展

1. 问题疑惑：□怎么样 □好不好 □好吗 □怎样 □哪种好 □在哪里 □在哪儿 □哪家好 □多少钱 □在哪买 □哪个好 □如何________

2. 竞争企业：________

3. 知名品牌：________

4. 形象词类：□全国十大 □十大 □知名 □著名 □排名 □排行榜 □品牌________

三、行动词扩展

行动关键词：□电话 □联系方式 □官网 □官方网站 □公司 □地址

____

____

4.5 免费推广：不花1分钱霸占搜索引擎首页

◎ 第三方媒体平台转载提高网站权重

影响企业自然排名的权重因素

所有搜索平台除付费推广外，还有很多自然排名的推广信息，这就是我们所说的免费推广信息。付费推广是根据竞价进行排名，而免费推广信息是根据网站评估全站来进行排名的。

想要利用搜索引擎自然排名去推广企业信息，首先要了解究竟什么因素会影响企业的自然排名。不同搜索平台对网站权重计算方式各有不同，下面就以“百度”为例。

如果推广的关键词是“酱肉包”，企业网站的域名就是“jiangroubao. com”，百度会给企业网站进行加分；企业网站的名称也是“酱肉包”，百度会给企业网站加分；网站介绍首先是“酱肉包”，百度会加分；“酱肉包”这个关键词在网站页面中出现的比例适合（5%～10%），百度会加分；网站“酱肉包”词语高亮，百度会加分；友情链接“酱肉包”相关网站，百度会加分；链接的网站权重较高，百度会加分。

通过媒体发布提高网站权重

影响网站权重的因素有很多，涉及网站的方方面面，其中有很多评分标准都是非常散碎的，也是多数做网络营销的人都了解的。这里介绍一种很多做网络营销的人还不是很了解，能够大幅提高网站权重评分的方法，就是将企业信息文章直接发布到媒体平台上。

当然，发布在媒体平台的文章要经过技术处理才可以。还是以"肉酱包"为例，首先，内容要和肉酱包有关；其次，关键词要合理布局，包括关键词的数量、位置等，这需要专人处理。一篇合格的文章发布到媒体平台后，将会大大提高网站的权重。

第三方媒体平台的文章可以大幅提高网站权重评分，这是因为搜索引擎的内容都是由第三方平台提供的，所以在权重评分上会重点考量，并且搜索引擎对于第三方媒体平台的信息抓取速度也要远远高于普通网站，所以和普通方法相比，这种方法更加高效。

当然，这种方法也是有一定难度的，需要有专业人员去写软文，每天在10篇左右，还需要懂得SEO优化的人员对软文进行优化；最关键的是，必须有合作的第三方媒体平台，每篇软文发布一个平台，也就是每天需要在10个第三方媒体平台上发布软文。

◎ SEO优化文章的八种方法

软文可以说是全网营销的重头戏，它的营销成本非常低，同时还具有多种功能，如提升关键词排名、提高网站权重、带来自然流量、扩大品牌知名度等。

虽然软文营销成本低，但是软文的质量却不能低。只有高质量的软文才能具备前面提到的功能，否则软文只能是浪费时间和精力。

所以，一篇软文必须经过SEO优化，才能够达到预期的效果。如何优化一篇软文呢？我们可以从以下几个方面入手：

1. 好的标题

一篇软文无论内容有多优秀，如果没有好的标题，仍然是一篇没用的软文，因为没有人会去看，网络爬虫也不会关注这篇软文。

好的软文标题首先包含一个合理的关键词，并且这个关键词还要足够突出。其次，好的软文标题还能引起消费者的好奇心，让消费者看到标题就想要了解内容。

对标题提出这样的要求，是因为软文标题的作用有两个：首先，被网络爬虫抓取收录，以便提升关键词排名和网站权重；其次，获得点击量，吸引消费者注意。

2. 图文并茂

一篇高质量软文还应该是图文并茂的。我们可以想象一下，如果自己是一个消费者，上网时打开一篇软文发现从头到尾只有文字，还会有兴趣看吗？至少一半的人都会关掉。

所以想要留下消费者阅读软文，软文内容一定要图文并茂，而且图文并茂的软文更直观。

3. 内容原创

高质量的软文必然是原创的，只有原创内容才具有高价值，才更具传播性，更容易获得消费者认可。

我曾接触过一个企业，这个企业的老板最早是自己报班学习网络营销，学完之后发现软文是一个低成本又有效的营销方式，所以回到公司立刻发动全员写营销软文，要求每人每天最少五篇，结果自然是多数员工写不出软文。

这个老板就想到一个办法，从网上找到一篇优质软文，然后发给每一位员工，让他们每人每天照着范文替换关键词，然后发到网上就行了。结果一个月之后公司上下都怨声载道，而软文发出去一点儿效果也没有。

4. 内容相关

软文内容必须和企业相关，发布不相关的软文没有意义。

5. 合理分布关键词

软文需要根据长度来安排关键词数量。软文长度在几百字左右，基本一两个关键词就够了。软文长度在千字左右的，可以布置3～4个关键词。

关键词位置的选择也有要求，首段必须要有关键词，因为多数时候，首段内容会被搜索引擎当作文章摘要收录。软文结尾最好也有关键词，这样不但能够提升软文的可读性，还可以让搜索引擎认为这是一篇自然软文。

6. 对读者是有价值的

软文需要有人阅读才能起到引流作用，这就要求软文对读者是有价值的。软文的价值可以体现在多个方面，例如，提供大家感兴趣的行业资讯、为消费者解决实际问题等。

7. 不要硬性广告

软文的关键就在于“软”字。如果读者在文章中发现了硬性广告，那思维立刻会跳出软文内容，集中在广告上，然后将整篇文章定性为“广告”，软文自然引流的作用就会大大降低。

8. 条理通顺

软文可以没有出色的文采，也可以没有标新立异的观点，但是条理通顺是基本要求。一篇文章如果无法保证条理通顺，那么软文在读者心中的价值就会大打折扣。

以上八点就是创作一篇高质量软文需要注意的事项，如果一篇软文能够满足上面的全部要求，发布之后必然能够为企业带来不错的效果。

◎ 案例：如何把普通小吃店做到一年1200万元的业绩

图中的连锁酱肉包店是我之前做过的一个项目，总店位于山东济宁。

这个连锁品牌是一对夫妻建立的，最早这对夫妻是开普通早餐包子店的。我们都知道，做早餐是一件非常辛苦的事情，并且还赚不到太多钱，这对夫妻的包子店就是如此，一年下来十分辛苦，营业额也不过二三十万元。

虽然生意做得不大，但是这对夫妻比较有头脑，知道自己单纯做早餐没有什么前途，必须想办法扩大规模。他们也知道网络营销是非常好的工具，也想借助网络去做，但是自己又对网络一窍不通，早餐包子又似乎和网络营销没有太多联系，最后他们就找到了我，让我帮他们进行营销推广。

之前我讲到过，做网络营销首先需要的是策划，要有大的方向才能开始做。所以接到这个项目后，我先给他们确定的方向就是打造品牌，输出品牌。如何输出品牌呢？答案是做加盟连锁。传统早餐包子很难在线上做营销，而面向全国做加盟连锁之后，就可以在线上展开营销推广。

接下来就是实施。客户原来就是做早餐包子的，没有任何网络营销团队，也不会写软文，所以他们只给我提供素材，由专业人员去写软文，每天都在10篇左右，发布在和网富有合作的不同第三方媒体平台上。这种推广持续了一个多星期，很快客户“肉酱包加盟”的信息就占领了搜索引擎前列，每天都有来自全国各地的人咨询加盟事宜。

图4－21所示为这个客户某月的大数据情况，从图中我们很容易看到网络营销发挥的作用。

1260人搜索	×	40.8%点击	=	520个有需求的客户进入网站
520个人需求客户	×	6%咨询	=	31个有意向咨询客户
31个意向客户	×	10%成交	=	3个成交客户
3个成交客户	×	2万元均价	=	6万元收入/天
6万元收入	×	200个工作业绩日	=	1200万元收入/年

图4－21　普通小吃店如何实现年入1200万元

一个最初做早餐包子的小商贩，最终成为年营业额达到1200万元的知名连锁品牌，这就是网络营销带来的改变。

4.6 泛娱乐化营销

◎ 直播卖货

2016年，一直不温不火的直播行业“忽如一夜春风来，千树万树梨花开”，呈现了井喷式发展，直播催生了无数网红，也吸引了无数明星的加入，像雷军这样的商业大佬也上直播发布过自家产品，这足以看出直播这两年的火爆程度。

无论是网红、明星还是商业大佬，这些人都有共同特点：自带话题性，拥有大量的粉丝群体。而直播近两年正处于风口之上，直播卖货的形式就此诞生。

直播卖货给网红和明星们提供了新的变现渠道，更重要的是直播卖货也给企业提供了一条新的营销渠道。

对于企业来说，同网红直播相结合，可以降低自己的获客成本，同时提高转化率，这是一个很好的选择。

网红或者明星直播推荐商品并不仅仅是一种宣传，这种模式还可以帮助消费者做出购买决定。在传统的商业模式中，消费者和商家一直处于一种零和博弈的状态，一方收益必然代表着另一方会受到损失。这种非合作博弈就造成消费者与商家处于对立状态，特别是消费者，他们对商家充满了不信任。

而在直播中分享和推荐商品，就有效地解决了这一问题。如果消费者本身就是直播人的粉丝，那么在信任度上就具有先天的优势，同时通过直播的方式，网红明星会在推荐分享商品的过程中同观众进行实时互动，这就进一步增加了用户对产品的信任。

另外，在通过电商购物的过程中，消费者经常会因为缺少对产品的体验而迟迟做不了购买决定。例如，在电商平台购买衣服时，消费者看一款衣服除了从照片中考虑衣服款式，还会考虑材质是否舒适、大小是否合适、质量是否过关，因此对是否购买犹豫不决。而在直播的过程中，网红明星现身为消费者介绍产品，通过摄像头向消费者展示商品实物，同时消费者有疑问，还可以通过实时互动的方式现场进行交流，这就在一定程度上弥补了在产品体验上的缺失。

如今，电商平台的巨头们早在2016年就已经进入了直播行业，希望在市场格局还没有形成前，提前抢占市场。对于中小型企业来说，向巨头们学习大举进入直播市场并不现实，但是借助网红明星的力量直播卖货却是一个值得思考的新思路。

◎ 玩转社群经济

在如今的网络营销中，社群营销占有非常重要的地位。从早期PC时代的博客，到如今移动互联时代的微信、微博等，社会化媒体工具，社群营销一直随着时代的变化而改变，同时改变的还有企业对社群营销的重视程度。

认识社群

传统企业转型互联网，社群营销是必然要学会的一种营销方式。企业想要做好社群营销，首先要认识什么是社群。

社群本身是社会学中的一个概念，但是随着互联网时代的发展，现在大多数人所说的社群都是指和互联网有关的社群。

互联网社群的概念是最近几年才提出的，但是其本身出现的却要早得多，互联网刚流行时的论坛就是最早的社群。现在的社群平台非常多，各种网络论坛自不必说，基于移动社交平台的微博、公众号更是如今企业必争的地方。这时我们就会发现社群是由一群人在某个互联网平台聚集在一起形成的，并且这些人是基于一个共同的价值点聚集在一起的，成员之间存在一个共性，而非无目的地集合在一起。这样的群体我们才称为社群。

对企业来说，社群最为重要的就是共同价值点，社群成员之间的关系也是通过这个共同价值点展开的。共同价值点的范围很广，可以是共同的兴趣，如电影群、读书群、漫画群；可以是共同的经历，如创业群、维权群；也可以是共同的目的，如考研群、学习群等。

社群为企业带来的好处

营销推广从来都是企业的重头戏，互联网的出现给企业营销推广提供了更多的渠道和思路，同时也带来了很多的问题。例如，企业获取客户的成本越来越高，消费者对企业的忠诚度越来越低，因为互联网让信息获取变得非常容易，所以消费者的选择太多了。

面对这种局面，如何利用有限的资源获得更多的消费者，并且提高消费者对企业的忠诚度就成为网络营销的一大难题。

而社群是一群人基于一个共同价值点形成的，企业可以利用这一点对消费者进行筛选，很容易找到潜在用户群体，并且还是企业和消费者沟通的最短途径，在社群中的运营成本也要远远低于传统营销成本，准确度则远远高于传统营销。

例如，一个销售婴幼儿产品的企业，需要的社群就是宝妈社群。因为基于这个共同价值点的社群成员都有孩子，有孩子就意味着她们是企业的潜在客户。另外，企业可以由专人运营社群，在社群中直接和成员互动，提高成员对企业的信任度。实现这一目的需要的只是社交技巧和极低的成本。一旦和社群成员建立信任关系，成交就是水到渠成的事情。

社群核心价值的选择

我们做每件事都有自己的理由，因此，对于消费者来说，选择加入一个社群也需要理由，这个理由就是加入社群能够给自己带来价值，而这个价值就是社群的核心价值。

核心价值是一个社群存在的基础，这个价值也决定了企业社群运营的方向。所以，想要玩转社群营销，企业必须正确选择社群的核心价值。

还是以做婴幼儿产品的企业为例子。上面我们说过做婴幼儿产品的企业需要建立宝妈社群。但是互联网上有关“宝妈”的社群不计其数，企业凭什么让宝妈们愿意加入你的社群呢？在宝妈加入社群之后，企业又如何运营让社群成员保持活跃呢？这些问题的答案综合起来就是社群的核心价值。例如，社群中有专业人员为宝妈们提供正确的育儿经验，解答宝妈们关于孩子的相关问题，这就可以成为社群的核心价值。

我们可以将社群的核心价值看成是产品的核心卖点，两者的性质是相同的。如果一个产品找不到核心卖点，无法给消费者带来出众的价值，消费者自然不愿意购买，社群也是同样的道理。

最后还要强调一点，企业运营社群的最终目的是营销，所以在选择核心价值时，企业还要考虑与自己产品卖点的关联性。核心价值能够和产品卖点关联，这样才有利于实现企业的营销目的。

◎ 附录：企业推广效果诊断表格

这是企业的综合推广效果诊断表格，填写这个表格，然后分析数据，我们就可以对企业目前的搜索引擎营销效果有个基本的评估，同时也有了改进的目标和方向。

企业推广效果诊断表格

一、网络市场诊断

行业关键词：________________

百度指数：________________

百度商情：________________

好搜指数：________________

淘宝指数：________________

二、品牌知名度诊断

品牌关键词：____

百度指数：____

好搜指数：____

淘宝指数：____

品牌知名度综合评估：好______ 中______ 差______

三、推广诊断

1. 搜索引擎诊断

开通账号：百度（开通　未开通）

好搜（开通　未开通）　搜狗（开通　未开通）

主要关键词：____

____

百度是否排名首页左侧：________投入产出比：年投入________万元，销售额：________万元

好搜是否排名首页左侧：________投入产出比：年投入________万元，销售额：________万元

搜狗是否排名首页左侧：________投入产出比：年投入________万元，销售额：________万元

2. 电商诊断

开通账号：淘宝天猫（开通　未开通）

京东（开通　未开通）　1号店（开通　未开通）

主要关键词：____

____

淘宝是否排名首页左侧：________投入产出比：年投入________万元，销售额：________万元

京东是否排名首页左侧：________投入产出比：年投入________万元，销售额：________万元

1 号店是否排名首页左侧：________投入产出比：年投入________万元，销售额：________万元

3. 移动营销诊断

开通账号：微信公众号（开通　未开通）

移动官网（开通　未开通）　移动电商（开通　未开通）

微信公众号账号：____

微信公众号粉丝数量：________万，是否产生效益：________

如何营销的____

____

移动电商是否开通：________投入产出比：年投入________万元，销售额：________万元

第 5 章　转化系统：如何将流量转化为成交

转化系统分为两个步骤：第一个步骤，将流量转化为咨询；第二个步骤，将咨询转化为成交。

5.1　如何将流量转化为咨询

◎ 盲人寓言：网站是企业最好的销售员

盲人寓言

有一个盲人乞丐坐在广场上希望得到别人的帮助，在他面前放了一张纸，上面写着：我是一个盲人，我需要帮助！广场上虽然人流密集，但是只有很少的人愿意帮助他。

这时有一位姑娘走到乞丐身旁，她拿起了乞丐面前的纸，在背面写上：

这是多么美好的一天啊，但是我却看不见！然后将这一面展示给广场上的人，结果在后面的一小时里，乞丐得到的钱比原来一天得到的还要多。

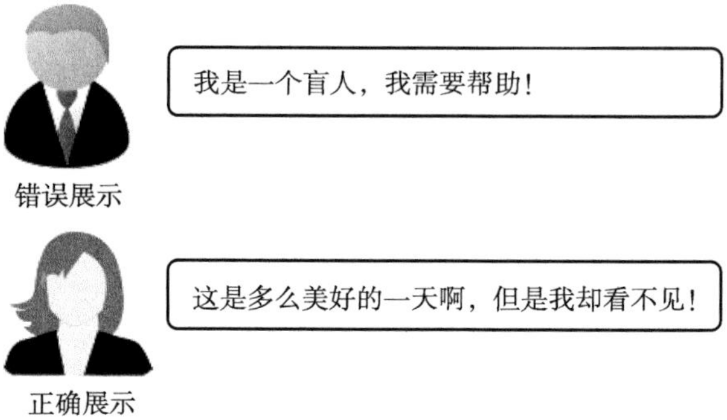

这只是一个小故事，如果我们将这个故事和网络营销联系在一起，就会从中发现不一样的东西。

我们可以将广场上密集的人流看作企业网站的流量，乞丐面前的纸张就相当于企业的网站，然后再来看这个故事。企业网站是为了向浏览者展示自己的产品，虽然只是展示产品，但是展示的方式有很多，正确的展示方式和错误的展示方式会获得完全不一样的结果。

企业网站的三种类型

在探讨什么是正确的展示方式之前，我们先来了解三种类型的网站：模板型网站、设计型网站、营销型网站。

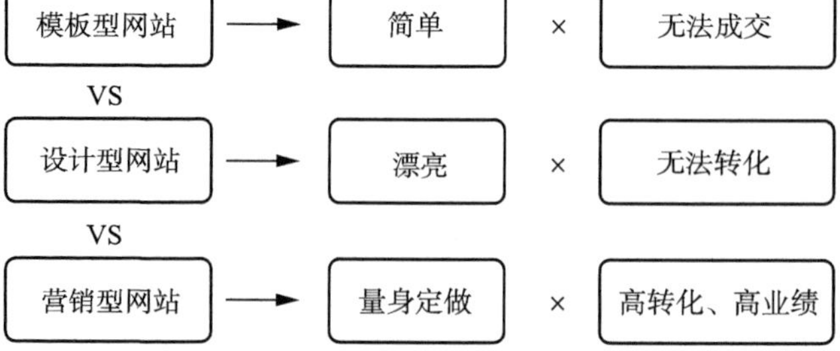

图 5－1　三种类型的网站

第一种，“模板型网站”。目前有 80% 企业的网站都是模板型网站，这种网站只需要企业提供简单的资料，用现成的模板套上就可以，20 分钟即可做出一个，所以收费很低，但是没什么作用，根本不能成交客户。

第二种，“设计型网站”，网站很漂亮，但是却没有实用性，无法将流量转化为咨询。

第三种是最好的一种，就是“营销型网站”。营销型网站是根据企业量身定做的网站，营销型网站可以说是企业最好的销售员，对于企业来说，建设一个营销型网站，能够大大提升企业的品牌、形象和销售业绩，好的营销型网站往往具备极为优秀的转化率，每个企业都应该有一个营销型网站。

在推广系统中，我们介绍了如何通过网络推广为企业带来流量，但无论是从什么推广途径获得企业信息，最终都要通过企业网站去了解企业的产品或者服务，然后再决定是否进行咨询。因此，一个优秀的营销型网站是决定网络营销成败的核心角色。

对于企业来说，建设一个营销型网站，会大大提升销售业绩，每个企业都应该有一个营销型网站。

流量与转化率的函数关系

在推广系统中，我们详细说明了付费推广和免费推广的实施要点，关键词定位与优化、软文撰写和新闻稿推广、内容营销、SEO 文章优化、泛娱乐化营销的种种手段。

这些都指向了一个目标，就是带来流量。如果我们的企业是花园，那么流量就是我们引来的阳光和雨露，但是引来阳光和雨露是不够的，更重要的是我们能够留住它们，使其发挥出作用。这就是转化的重要性。

图 5－2　流量和转化

没有转化率，流量再高，也是水中月、镜中花，企业的全网营销就会陷入困局。

流量和转化率是一个乘数关系，两个指数有一个低了，营销的效果都不会好。所以，转化系统和推广系统息息相关，彼此成就。

◎ 企业网站决定了能否将流量转化为咨询

一个优秀的网站应该是拥有良好转化率的网站，而转化率的高低是由流量的质量和企业网站本身的质量决定的。

流量的质量由以下几个因素决定：第一，企业的推广要足够精准；第二，要足够吸引目标人群；第三，信息的传播链要符合目标客户的习惯与预期。缺少其中一环，企业就难以吸引到高质量的流量。

在吸引到我们想要获得的流量之后，企业网站的好坏对用户是否决定咨询起到了非常重要的作用。无论企业的产品或者服务多么优秀，如果没有一个合格的企业网站，获得的流量就会白白地浪费。

营销型网站能否将流量转化为咨询，取决于以下几个要素：

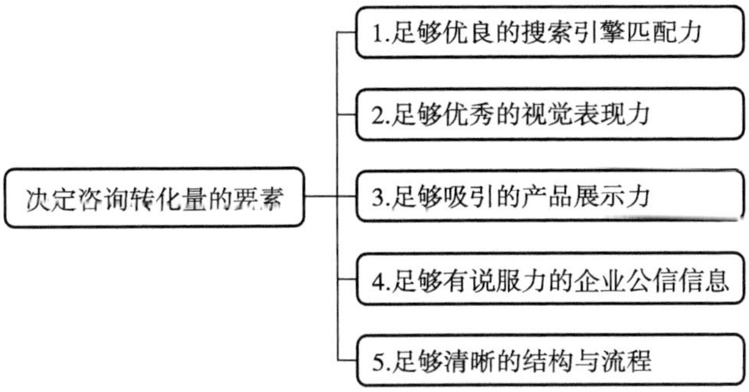

图5－3 决定咨询转化量的要素

1. 足够优良的搜索引擎匹配力

网站的规划必须良好匹配搜索引擎的偏好。提到网站的成败，搜索引擎始终是绕不开的话题。无论是过去还是现在，搜索引擎都是网站流量的最大来源，同时也是网络营销最核心的内容之一。所以，营销型网站必须具备优良匹配搜索引擎，并长期不断地进化和优化。

这涉及关键词定位、排布、推广和更新，在“策划系统”中我们已经做了详细描述。

需要注意的是，匹配搜索引擎是一个长期工程。

2. 足够优秀的视觉表现力

视觉传达远在大脑思考之前，在消费者意识到达之前，视觉已经牢牢霸占他们的头脑。视觉是第一印象，比语言文字更直接。

如果企业网站的视觉传达有问题，那么网站关键词写得再好也难以雪中送炭。

网站视觉传达一方面要考虑从企业自身条件出发，考虑企业产品和服务的特性，另一方面要足够符合消费者的审美。同时，花哨和繁乱都是视觉设计的大忌。

3. 足够吸引的产品展示力

产品展示是企业网站的核心功能，当用户被引流到网站，能否留下用户，能否打动用户进入下一流程，完全取决于商品展示的效果。

商品的展示要有足够的吸引力，要能够引起消费者购买的欲望，要有一套完整、有效的说服逻辑链。

文案和广告词，也要完全契合用户的痛点，要能够传递情感。

同时，无论是企业新闻，还是行业和产品的咨询，都要及时更新，要使用户能够第一时间了解到企业和行业的现状，要给予用户“企业正在稳定且高速地运转和发展”的感受。

4. 足够有说服力的企业公信信息

当用户进入我们的网站，被我们的产品所吸引，便引起了想一探究竟的欲望。

但是欲望能不能变成行动，由多种因素组成，其中很重要的一点，我们的企业网站能否令用户信服？能否令顾客信任？

这取决于网站中企业公信信息的展现，以及这些公信信息是否足够有说服力。如何展示足够有说服力的公信信息是一个系统问题，我们在后面的章节中会详细论述。

5. 足够清晰的结构与流程

营销型网站的结构与流程规划，既要足够简洁清晰，又要完全符合用户的行为习惯，要能够引导消费者浏览网站的信息，对产品产生欲望，然后“怂恿”他们咨询和下单。在这个过程中，一定要做到“行云流水”，要让浏览过程不在任何一个环节中断。

为其做保证的，除了设计这些软件，硬件上的后台也必不可少，企业租用的空间或虚拟服务器要足够安全稳定，要保证访问速度的快速和程序的稳定。同时，为了保证营销网站的功能最大化，后台检测功能也要足够强大。

◎ 提升咨询转化率的五种方法

一个潜在客户经过展现、点击、浏览三个环节之后，如果没有跳出，接下来就会进入咨询环节。咨询环节和成交环节紧密相连，咨询为成交提供了数据基础。提高咨询转化率可以通过以下几个方面进行：

优化网站首页

网站首页不但会影响网站跳出率，也会影响咨询转化率。如果一个企业的登录页让浏览者感觉不舒服，那么对企业的印象就会减分不少，咨询的意愿也会相应地降低。

调整产品展示结构

一个企业的产品不可能只有一种，这就涉及产品展示的问题。企业可以通过大数据分析，对自己的产品展示结构进行调整，将热卖产品或者核心产品放在较为显著的位置，提高浏览者对产品的兴趣，从而提升咨询转化率。

合理使用咨询工具

网站需要给浏览者提供方便快捷的咨询工具，如 QQ 对话、在线客服、400 电话等，合理使用这些工具，也能够提升咨询转化率。那么怎样使用才算是合理呢？

一方面，要足够便捷，不同客户喜欢的咨询方式不同，有的喜欢通过 QQ 或者在线客服系统进行咨询；有的可能喜欢通过 400 电话咨询；有的可能喜欢通过邮件咨询。因此，企业网站要提供多种咨询沟通的方式，让客户可以选择自己喜欢的方式咨询。

另一方面，客户如果通过在线的方式咨询，应该在点击之后就能立刻跳出相应的对话框，而不需要安装插件。

主动邀请对话

有时主动发起客户对话要比被动等待客户咨询更有效果。很多客户在浏览产品时是存在一定盲目性的，他们也不知道自己是否想要购买产品。如果此时网站客服还是被动等待，就很可能会流失这些客户，而主动发起对话，向客户推荐产品反而更可能成交。

优化产品介绍

针对一款产品，企业可以根据过去客户的咨询记录找到他们最关心的问题，然后对该产品介绍进行优化，让访客可以更加了解产品，做出是否咨询或者成交的决定。

◎ 流量的分析与监控

从网站访客行为身上，企业可以发现很多有价值的信息，这些信息仅靠想象或者调研是无法获得的。

第一步，我们需要知道访客是首次访问还是偶尔访问或者经常访问，这需要借助一些监控软件。

第二步，通过统计工具，我们需要知道访客在网站的点击、浏览以及浏览时间等数据，还需要了解访客访问页面的顺序是怎样的，通过对这些行为进行分析，我们就可以知道访客对哪些页面信息感兴趣，哪些不感兴趣，然后有针对性地进行优化调整，提升访客对网站的兴趣。

分析访客行为的过程，也是我们对企业网站的一次重新认识，企业网站质量度的提升就是在这样一次次重新认识的过程中实现的。客户行为分析的结果能够让企业网站今后的营销推广策略更有针对性，少做一些无用功，提高营销推广效率。具体包括以下几个方面：

流量来源分析

流量分析首先需要分析的是来源。通常企业做网络营销推广不会只有一种渠道，通过对流量来源进行分析可以对多种推广渠道进行横向对比，找到优质推广渠道和效果较差的推广渠道，然后根据推广渠道的质量度合理分配企业推广资源。

企业通过分析流量来源，还可以得知不同推广渠道带来流量的质量度，也就是成交转化率的高低。根据笔者的经验，首先直接搜索企业名称或者通过输入网址方式的流量质量度最高；其次是通过关键词推广获得的流量，质量度也比较高；再次是来自引荐网站的流量，这部分流量通常需要企业销售人员拥有较高的销售技巧才有可能成交；最后是来自论坛、社区的流量，这部分流量的成交意愿相对较低，转化率也是几种推广渠道中最低的。

访问时间分析

根据企业行业性质的不同，多数企业网站的流量和时间段都有着密切联系。通常企业网站白天的流量要比晚上多，当然也有例外，如影视类网站，或者企业网站目标群体在国外有时差。

对访问时间进行分析是因为企业推广资源是有限的，而访客访问集中在某一个时间段，因此不如在这个时间段里集中优势资源展开营销活动，这样就可以取得事半功倍的效果。

地域分析

我国国土面积辽阔，不同地区的消费者有着不同的文化背景、生活方式和消费能力，同时因为地域的不同，生活环境也有着较大的区别，所以，对于很多受到地域因素影响的企业来说，地域分析能够帮助企业节省营销资源。

例如，一家北京的企业主营业务是销售电脑配件和上门维修电脑，结果他们发现在其网站流量中，有相当一部分搜索上门电脑维修相关关键词的流量都来自外地。销售电脑配件可以不受地域限制，但是上门电脑维修就不行了。这就说明企业有关电脑维修方面的关键词推广出现了问题，导致白白浪费了很多关键词推广费用。

5.2 企业网站的常见问题和建设原则

◎ 问题1：网站进入慢

我在刚开始讲课的时候，曾经碰到过这样一个客户。客户是做游泳池项目的，一直都在网上做推广，每年要花不少钱。虽然通过推广能够给企业网站带来一定的流量，但是客户发现自己的转化率非常低，所以想让我给他想想办法。

一般遇见这种问题主要原因就在企业网站上，于是我进入了客户企业的网站。进入网站首先是一个读取进度条。读取进度条的速度非常慢，大概有10秒钟时间才读取完毕。接着就是一段动画，动画虽然制作得非常精美，但是和企业做的产品没有什么关系，直到动画结尾处才出现客户企业的名称和LOGO。

从打开网站到播放完动画，已经半分钟时间过去了。接着我想进去详细看看网站的布局，结果找了很长时间都没有找到如何从动画界面跳转到网站正式界面上，最后从企业LOGO上才找到了进入网站的接口。

后面我就直接将网站关掉了，因为完全没有看的必要。我计算了一下，从点击网站，到找到网站入口，我已经用了3分钟时间，这还是我刻意去寻找的结果。如果我是一位通过推广信息点击进来的客户，那我绝对不愿意花这么长时间寻找网站入口，甚至有的客户可能连进度条都不愿意等，就直接将网站关闭了。

这种网站就属于设计型网站，华而不实，没有实际作用。

◎ 问题 2：没有明确主题

很多企业老板错误地认为做网站花钱越多越好、花样越多越好、创意越多越好，在这种思想作用下，最后做出来的网站让普通人第一眼看上去完全不知所云，不知道企业究竟是做什么的。我曾在讲课时用一个企业网站首页的截图，让全场的人猜这家企业究竟是做什么的，猜对给重奖。结果全场人猜了几分钟，没有一个猜出来的。

我们想象一下，这样一个没有明确主题的网站能够给用户带来好的体验吗？当然不能。用户浏览企业网站是因为有某种需求才会去浏览，如果打开企业网站之后，没有第一时间看出企业能够满足自己的需求，就可能会直接离开网站，或者降低企业在自己心中的评分。

这种网站也是设计型网站的一种，只追求视觉效果，但是却忽略了企业网站应该实现的目的。

◎ 问题 3：套用模板

很多中小型企业的网站都是模板式网站，就是将企业信息和产品套入已经做好的网站模板当中。这类网站样式千篇一律，用户很容易分辨出来。当用户发现企业使用的是模板网站时，首先对企业的实力就会产生怀疑，同时对企业的信任度也会有所下降。

◎ 建设网站的 8 秒钟原则、3 个能力和 16 个要素

8 秒钟原则

首先，网站要能引起客户的注意；其次，要能够引发客户的兴趣；再次，网站要能够赢得客户的信任；再其次，引起客户的购买欲望；最后，才是企业行动。

注意 → 兴趣 → 信任 → 欲望 → 行动

对于企业网站来说，需要遵循 8 秒钟原则。就是企业网站必须在 8 秒钟之内吸引客户，如果 8 秒钟之内吸引不了客户，客户就有很大概率直接关闭网站。

成功网站的 3 个能力和 16 个要素

成功网站要具备 3 个能力：吸引力、公信力和行动力。而这 3 个能力由 16 个具体的网站要素组成。

表 5－1　成功网站的 3 个能力和 16 个要素

3 个能力	16 个要素
吸引力	1. 我是谁
	2. 我卖（提供）什么产品或服务
	3. 我的产品或服务能解决你的什么问题？我的产品或服务对你有什么好处（利益或价值）
	4. 为什么要选择我，而不是选择别人？我的优势是什么
	5. 我是否具备说服逻辑？说服力要素是否有机结合构成说服力

续表

3个能力	16个要素
公信力	6. 眼见为实（内容呈现）
	7. 展示生产检验过程或服务过程
	8. 权威效应（有媒体报道和名人背书）
	9. 有理有据（呈现社会证据）
	10. 荣誉等身（呈现荣誉展示）
	11. 事实说话（成功案例展示）
行动力	12. 激发购买欲望（让客户想要购买）
	13. 常见问题（解除用户抗拒，促进转化）
	14. 促销诱饵（让客户现在就行动，抓住那些即将离开的客户）
	15. 零风险承诺（降低用户决策压力）
	16. 行动号召（现在就选择我们吧）

◎ 附录：网站营销力的16个要素诊断

网站营销力的16个要素诊断

一、吸引力

1. 我是谁？（Yes　No）

2. 我卖（提供）什么产品或服务？（Yes　No）

3. 我的产品或服务能解决你的什么问题？我的产品或服务对你有什么好处（利益或价值）？（Yes　No）

4. 为什么要选择我，而不是选择别人？我的优势是什么？（Yes　No）

5. 说服逻辑（让说服力要素有机结合构成说服力）（Yes　No）

二、公信力

6. 内容呈现（眼见为实）（Yes No）

7. 生产过程（服务过程）—产品是这样生产出来的（我是如何为您服务的）（Yes No）

8. 成功案例（事实胜于雄辩）（Yes No）

9. 客户评价（让客户为你证言）（Yes No）

10. 社会证据（那些可以传递权威和信任的事物）（Yes No）

11. 荣誉展示（权威机构认可我们）（Yes No）

三、行动力

12. 激发购买欲望（让客户想要购买）（Yes No）

13. 常见问题（解除用户抗拒，促进转化）（Yes No）

14. 促销诱饵（让客户现在就行动，抓住那些即将离开的客户）（Yes No）

15. 零风险承诺（降低用户决策压力）（Yes No）

16. 行动号召（现在就选择我们吧）（Yes No）

四、综合诊断结果

想到你（是否具有一定的品牌知名度）（Yes No）

找到你（是否占领一定的流量入口）（Yes No）

购买你（网站是否具有营销力）（Yes No）

相信你（品牌是否具有公信力）（Yes No）

结论：____

____

5.3 如何实现网站吸引力

◎ 吸引力 = 营销力 + 说服力

一个网站达到什么标准才算是好网站呢？最简单的答案就是有吸引力。

网站吸引力就是企业为了实现某种营销目的，将营销信息巧妙地融入网站内容中，让消费者在浏览网站时不知不觉地被企业的营销信息影响，继而做出购买决策。

因此，网站的吸引力也可以看作营销力 + 说服力。如果一个企业网站不具备这两点，就不是一个合格的企业网站。

一个合格的企业网站就像企业的销售员。面对消费者，销售员要能够将企业和企业产品的信息以恰当的方式传递给消费者。企业网站也需要将信息传递给浏览者，并且要以恰当的方式进行。这就是网站的营销力。

销售员在和消费者沟通的过程中，不但要传递信息，还要帮助消费者做出决定，促进成交。企业网站也需要如此，这就是网站的说服力。

判断一个网站的营销力和说服力的方法有很多，其中最简单的方法就是看网站的转化率，因为企业建立网站的根本目的就是转化。网站转化率越高，就证明网站越有吸引力，反之也是如此。

◎ 确立网站“说服力”逻辑链

说服的4W法则

我们可以用“4W法则”来确认网站的说服力逻辑链。

4W分别是：Who（我是谁），What（我是卖什么的），Why（为什么买我的产品），When（如何促进现在就购买）。

Who：我是谁，这是确认说服逻辑链的第一步，网站一定要在第一时间简洁明了地展示自己是谁，自己的品牌是什么。

What：我是卖什么的，这里隐含着两个问题：我的产品和服务能帮助哪些人，我的产品和服务解决的又是什么问题。

Why：为什么要选择我而不是别人，凭什么相信我，为什么立即购买我的产品或服务，为什么顾客不需要有任何的顾虑和恐惧。这一逻辑是说服链中的核心逻辑，这一逻辑是否成立决定了网站逻辑链的成败。

When：给消费者一个现在就下单的理由。一般以促销和免费的形式出现：立刻行动吧，现在下单就送赠品哦。

网站说服逻辑：

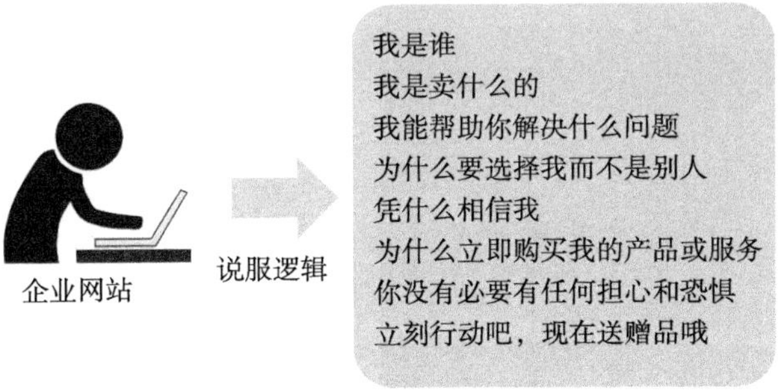

图5-4 网站说服逻辑

我们做过一家主营祛痘产品的公司，这家公司的网站截图如下：

图 5－5　槑豆豆网站截图

我们看到，这家公司的网站非常清楚和明确，其中的逻辑链条也是完美无缺的，其说服逻辑如下：

问：你是谁？

答：我是槑豆豆。

问：你是做什么的？

答：我是卖去痘痘产品的。

问：我有很多痘痘，尝试了很多产品，一直去不掉，你们这个产品和其他的产品有什么区别、有什么优势？

答：我们这种去痘是排出式去痘，把痘毒排出来，以后就不长痘痘了。

问：哦，听着挺好，是真的假的？

答：这是我们的主打产品，是正规产品，是美容厅学出的，研发人是梅博士。

问：不会有什么副作用吧？

答：不会的，我们的生产工厂是投资6000多万元建设的，绝对是无菌的，比普通制药厂的标准还高，我给你看工厂的视频和图片。

问：用了没有效果怎么办？

答：无效退款，连运费都退你。

问：感觉确实不错，我再考虑考虑。

答：现在在促销，购买产品还赠送护肤品！还不赶快行动吗？

这套逻辑完整清晰，兼具了诱惑力和行动力，不仅很好地说出了自己是谁，能够解决什么问题，在解除抗拒和促销刺激上都做得非常完美。

5.4 如何营造网站信任感

◎ 权威效应：媒体报道与名人/网红背书

在《影响力》一书中，写明了构成影响力的六大元素中就包括“权威”。无论我们是否意识到，权威都在时时刻刻影响我们的大脑和思维。

媒体报道带来的权威效应

第三方媒体报道我在免费推广中介绍过，其实第三方报道除了有增加网站权重的作用，还有一个作用就是增加客户对企业的信任。原因很简单，如果我们换位思考，站在客户的角度看待企业网站：企业网站对我们来说本质上是陌生的，那么如果能够在企业网站上看到自己熟悉的官方媒体的相关报道，自然就会提高对企业的信任度。

图 5 –6 就是我的客户太平洋集团的企业网站，在首页设有媒体报道专区。

一次，有位外地客户通过网站咨询产品，在得到报价之后，直接签了 70 万元的订单，并且预付 10 万元订金，整个过程没有超过两个小时。

70 万元的订单并不是小数目，并且客户还是外地没有合作过的新客

图5-6 太平洋集团的网站首页

户，这么爽快地签了合同并且付了订金，这让我的客户反而有些不解，思考这个客户是不是有人介绍的，只不过没有说出来。在签完合同之后，我的客户才把心里的疑问提了出来。

结果对方回答："我就是在你网站的媒体报道中看到有《人民日报》和《网易日报》的报道，自己一查也是真的，我想人民日报报道过的企业总不会错，并且你们的价格也合适，所以我直接就采购了。"

这就是第三方媒体报道发挥的作用。第三方媒体的报道，带有权威性的影响力。

名人/网红背书

首先，名人/网红的形象要足够健康和正面。

其次，该名人/网红的粉丝群要和企业的目标客户群有足够多的重合度。

我们都说现在的网络经济是网红经济，网红的力量不可小觑。

2017 年 4 月，我为一家专做减肥产品的公司做全网营销，之前这家公司也花了很多钱去做广告，大面积投放确实烧了不少钱，效果却很一般。

我在接管这家公司的全网营销之后，一面为它原有的网站做优化，一面通过分析，找到了互联网上几个很有影响力的美妆博主，由这些美妆博主试用我们的产品，撰写试用心得，然后我们对写出来的文案进行优化，最后由这些美妆博主在自己的博客、微博、小红书等媒体上发布，在心得之后，直接链接我们的网站。

同时，我们的网站也有这些网红的使用心得和效果展示。这样的效果非常好，这些美妆博主的粉丝都是很爱美的女孩子，她们看到博主的现身说法，亲自信用背书，就产生了购买和使用的欲望。最后我们的营销效果非常好，产品的销量实现了井喷式增长。

◎ 眼见为实：展示生产检验过程

客户有产品需求才会浏览企业的网站，所以产品本身的好坏对客户最终做出的选择有决定性影响，网站可以将自己产品生产和检验的细节过程展示出来，增加客户对企业产品的信心。

例如，小米 4 手机在即将发售时，小米公司就做了一个视频，名字叫作《一块钢板的艺术之旅》，视频向消费者展示了一块钢板是怎么变成小米4手机的金属边框的。

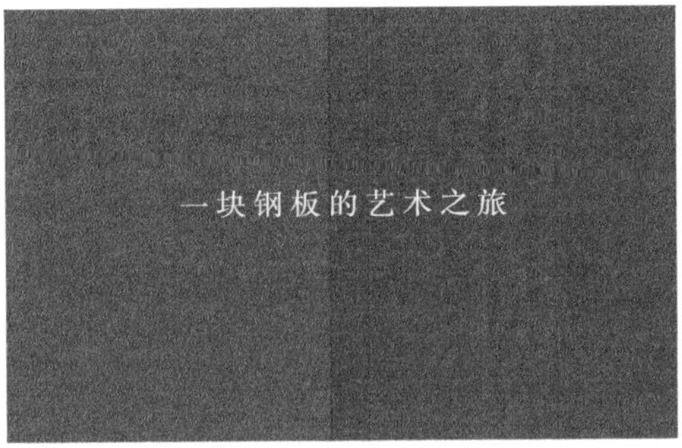

图5－7 《一块钢板的艺术之旅》截图（1）

图5－8 《一块钢板的艺术之旅》截图（2）

展示生产检验过程对提升企业信任感来说非常重要，一般来说，越是和人们息息相关的行业产品，越需要对生产过程和检验过程进行展示。

例如，农副产品就需要展示种植生产过程的健康和卫生，从而增强人们的信任感。

◎ 有理有据：呈现社会证据

将企业的社会责任、社会活动、行业活动展示出来，也是提高企业网站公信力的有效途径。

展示企业的社会责任和社会活动，能够让客户明白，企业并不是一个闭门造车、唯利是图的企业，而是一个有社会责任感、使命感的高尚企业，这样一下子就把企业从产品、物质层面提升到形而上的程度，企业具备的是一种更高的精神层次，这也是企业区别于其他同类企业的软实力。

通过分析年度最具社会责任感的公司名单，我们发现：越是成功的公司，越具有社会责任感。

哈佛大学商学研究院的著名教授、管理学大师迈克尔·波特这样定义社会责任感："企业的社会责任有两种：一种是反应型的，另外一种则是战略型的。反应型的社会责任指的是，在需要的时候，企业挺身而出，成为良好的企业公民，如进行社会公益捐助。战略型的社会责任，是为了找出为企业和社会创造共享价值的机会。"

在当今社会，企业软实力是和硬实力同等重要的实力。对于消费者来说，一方面，会青睐那些有社会责任感的企业；另一方面，企业能够为社会做贡献，也是企业足够成功、运营良好的表现。

◎ 荣誉等身：呈现荣誉展示

荣誉证书

如果你的企业注册资本很高，的确应该公布出来。每个企业的产品都应该通过一些国家的、国际的各类认证，这些都可以公布出来，以增加企业公信力。

专利证书

专利证书既代表企业的技术实力，也代表权威机构对企业的认可，可以表达企业的公信力。

检测报告

检测报告代表政府权威机构对企业的认可，也是可以传递企业公信力的表现。

这里需要特别强调一点：各种证书图片都应该能够放大，让客户可以看清楚证书的内容，或者证书图片下加入真伪查询链接，以此提高网站的公信力。

我曾见过有的企业网站虽然上传了证书，但是所有图片都无法放大，上面的内容根本看不清，这样反而会增加客户对企业的怀疑。

◎ 事实说话：成功案例展示

企业网站吸引力、公信力的提升过程，可以看作是企业对影响力原理的应用过程，对影响力原理体会得越深的企业，越能发挥出大的影响力。

无论是吸引力还是公信力，背后都是心理诱因在起作用。常见的能够影响人们的心理诱因包括：权威、互惠心理、承诺和一致、重大活动带来的仪式感、群体影响、社会认同度与稀缺。其中大部分都在《影响力》一书中得到详细描述，我们建设网站同样要应用。

前面我们提到，媒体报道、名人/网红的背书，是对权威原理的应用，而企业网站中的成功案例展示，则是对社会认同原理的应用。

人们更倾向于相信“别人也相信”的企业，愿意和“有很多成功案例”的企业合作，这是显而易见的。

如果我们展示客户和我们的合作故事，往往可以点燃更多人和我们合作的欲望。

5.5 如何激发网站行动力（激发购买欲望）

◎ 全面诱惑：诱惑客户的黄金三法则

“我们卖的不是牛排，而是牛排的滋滋声。”——大卫·奥格威

我的一个客户是卖牛排的，找到我时，我对他的网站进行分析，发现网站首页上的照片是生牛排的图片，是产品的原始图片，当时我就笑了，我对他说：“没有人会想着生牛排的样子买牛排，你这个网站毫无行动力啊！”

我们平时看到的方便面的广告，它永远不会给你看方便面最原始的样子：塑料袋装的佐料，干巴巴的面饼。它给你看的，永远是加工好的香喷喷的方便面，而且是方便面被美化了的样子。

干巴巴的生牛排是没有行动力的，真正能激发行动力的，是煎好的、带着油脂和热气的牛排，是消费者对着牛排大快朵颐的样子，只有后者才能激发诱惑。

前几年，我对一家主经营情趣内衣的企业进行网站再造，这家公司一开始的网站照片是一个美女穿上情趣内衣的图片。我在进行网站再造时，首先再造的就是这张照片。我只改动了一个细节：在照片中的美女旁边，

放了一个被其吸引的男人。

这就是诱惑的真谛。为什么女士穿情趣内衣的网站图片上会加上男人的照片？因为这个图片清晰地告诉女人们穿上这套衣服可以征服男人而显露出自己的魅力，吸引和征服男人正是选择情趣内衣的女人内心真正的需求和欲望。

诱惑客户的黄金三法则

（1）法则1：网站销售的不是商品，而是一个高级的诱惑。

（2）法则2：产品不仅好看、好听、好闻，更是关注情感，沟通梦想，要拥有对梦想实现的劝诱。

（3）法则3：表达认同和理解客户的内心感觉、个人主张，品牌就会成为客户的知音。

我们做网络营销，归根究底研究的不是网络，而是营销。但是要把营销研究明白，核心只有一个词：人性。把人性研究透彻，营销也就明白了。

◎ 诱惑的五个分类

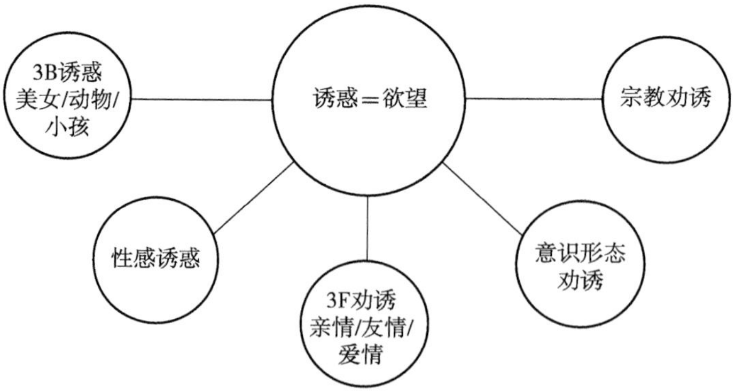

图5－9　诱惑客户的五个分类

3B 诱惑

美女、小孩、动物。3B 诱惑是我们日常生活中最常见的诱惑，打开电视 90% 的广告主体都是美女、小孩和动物，也是快消品最常用的劝诱元素。

性感诱惑

就像上面情趣内衣的例子，性感劝诱激发的是人们内心深处的欲望，告诉消费者“拥有这个你就会拥有性感/性吸引力”。我们常常看见沐浴露的广告，用完沐浴露的美女拥有了光滑的肌肤，吸引了男士的注意，就是性感劝诱的体现。

3F 劝诱

亲情、友情、爱情。红星二锅头本来是老牌二锅头企业，后来在市场中逐渐被牛栏山二锅头赶上，而红星二锅头重新定位自己，选的广告词是“红星二锅头，好兄弟益起来”。

意识形态劝诱

品牌体现的是对消费者的理解，就像消费者的朋友和知己。当消费者感觉到“这个牌子”最懂我，就会购买这个品牌的产品。

宗教劝诱

宗教式的劝诱代表客户对品牌价值的皈依。宗教劝诱是所有劝诱形式中的最高等级，普通企业根本够不上这个层次，能够做到宗教劝诱的企业极少。例如乔布斯的苹果公司，消费者自发成为“果粉”，一有新产品推出连夜排队也要购买，关于乔布斯的书也要买，把乔布斯当成偶像一样崇拜。宗教劝诱，使得消费者把购买产品当成精神上的追求。

◎ 营造网站行动力的四个关键

网上做营销，销售是关键，就像恋爱，求婚是关键。要实现网站行动力，有四个关键：

第一，要大声说出口——“我爱你！我要娶你。”

第二，提出你的要求——“嫁给我。”

第三，做出承诺与保障，解除客户抗拒，降低决策压力——“我会爱你一生一世，我永远不会离开你。你的担心，我懂！”

第四，促销刺激：让客户现在就行动——“你现在嫁给我，这颗大钻戒就是你的！”

零风险承诺应该明确具体、易于兑现；零风险承诺可以提升市场竞争力；零风险承诺对企业提升产品和服务质量是一种鞭策；零风险承诺需要经过测试才能正式执行！

而促销刺激一定要简洁有力，具备诱惑力，具备实际的利益。必要的时候，我们还可以给出免费的诱惑。

5.6 建设移动网站

◎ 手机移动端网站和 PC 网站的区别

互联网时代，流量对每个企业来说都非常重要，谁能把握住流量的出口，谁就能获得更大的利益。我做网络营销十几年，非常认同一句话：客户在哪里，营销就在哪里。企业越接近流量的源头，就越容易获取流量。

随着移动互联网以及微营销的发展，未来手机移动端网站必然和 PC 端网站一样成为企业的标配。对于传统 PC 网站现在应该没有人会陌生了，对于手机移动端网站则不然，很多人并不怎么了解。那么企业应该如何建设呢？

想知道如何建设手机移动端网站，企业首先要知道它和传统 PC 端网站有什么区别，知道了这一点，也就大致知道了手机移动建站的方向。

从表面来看，手机移动端网站和 PC 端网站最大的区别就是浏览工具不同。手机网站通常是用手机浏览，PC 网站大多数是用台式电脑或者笔记本电脑浏览。

二者的操作方式也不同。手机上浏览网站都是用手指滑动操作，PC 网站则是用键盘和鼠标操作。

以上两点就是手机移动端网站和 PC 端网站最大的区别，这两个区别也就决定了手机建站的方向。

◎ 建设手机移动端网站需要注意的事项

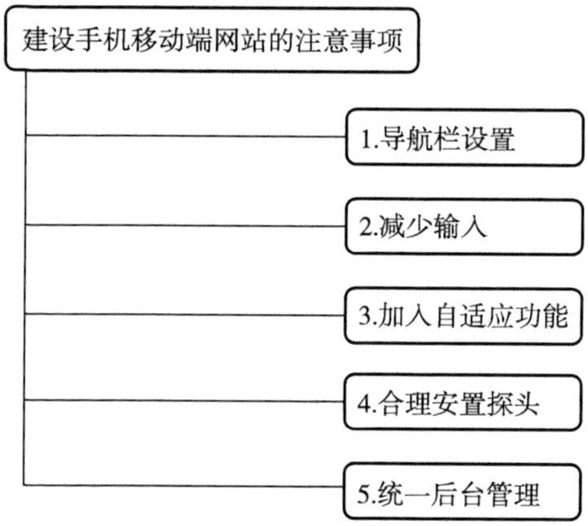

图 5－11　建设手机移动端网站的注意事项

1. 导航栏设置

多数人使用手机都习惯纵向滑动，而不喜欢横向滑动，所以，移动网站的导航栏设计要简洁明确。过于复杂的导航不但会让用户在手机上看得非常不舒服，还很容易引起错误操作。并且导航栏要有明显的“后退”和“首页”选项，方便用户操作。

如果一个网页纵向过长，那么用户从头到尾浏览完一个页面信息之后想要回到页面开头，操作起来十分不方便。因此在建设网站时，还需要减少卷动画面，增强导览的功能。

2. 减少输入

和用键盘输入相比，手机输入还是有很多不方便的地方，输入速度也远低于键盘。所以建设移动网站时企业要尽量减少输入。对于那些必须要保存的输入，如注册账号，企业也应该简化注册流程，提高用户对网站的体验。

3. 加入自适应功能

不同型号的手机屏幕相差较大，所以移动网站的字体和图片大小应该如何设置就成为一个问题。不过现在已经有了手机网站自适应功能。在移动网站加入这个功能之后，当用户浏览时，网站可以自动识别屏幕宽度，然后调整网页设计，带给用户最好的视觉效果。

4. 合理安置探头

在传统 PC 端网站上，用户联系企业有两种方式：一种是通过即时聊天软件，另一种是通过电话进行联系。在浏览 PC 端网站时，用户更愿意使用即时聊天软件进行沟通。而移动网站用户多数是在手机上浏览，输入非常不方便，所以在浏览网站时，用户更倾向于通过电话进行沟通，而不是即时聊天工具。所以，企业在建设移动网站时要合理安置探头，方便用户询盘。

5. 统一后台管理

企业想要真正开展全网营销，PC 网站、移动端网站、微信网站三网一个都不能少。这就给企业带来了一个问题：维护太过复杂。而最近几年才出现的云适配技术就能很好地解决这个问题，可以实现三网的后台统一管理、同步更新，企业不需要每天分别对三个网站进行管理，也不需要给每个网站都配备专业的运营人员，这就大大提高了工作的效率。

5.7 如何将咨询转化为成交

◎ 有需求、有咨询却没有成交的原因

用户通过企业网站找到了企业电话，打电话咨询产品，这就表示用户有相关需求。有了需求但是最后没有成交，这是让很多企业最感到失败的事情。为什么用户有需求并且电话咨询了企业，却没有成交呢？

影响用户成交的原因有很多，最主要的原因来自两方面：①线下销售人员能力不足；②网站品牌形象不好。

线下销售人员能力不足需要企业自己想办法解决，我们主要分析网站品牌形象不好的原因。

互联网时代的到来让信息变得更加容易获取，这也让很多用户通过互联网购买产品时，会习惯性地从网上了解企业的相关信息，以此判断企业的信用水平，然后决定是否与其合作。

很多企业注重自己网站本身的建设，却忽略了品牌在互联网上的形象，这就会让客户对企业产生疑虑。还有一种情况是企业不重视互联网上的品牌建设，导致用户原本想搜索该企业的产品怎么样（通常是以企业名称＋产品的方式搜寻），结果没有找到该企业的信息，却找到了企业竞争对手的信息，客户就有可能因此而流失。

我有一个合作企业，名字叫作中鸿口腔。这家企业的老板姓王，原本做了20多年的口腔医生，已经成为业内的专家。后来王总自己出来开设诊所，现在已经颇具规模。

众所周知，医疗行业一直是互联网营销重头，所以王总也十分重视网络营销，自己建立了一个20多人的团队，专门负责网络推广。网络团队的推广效果还是有的，每天都有几十个咨询电话，但是成交量却非常少。

在接手这个项目后，网富的团队首先对王总的网站和推广进行了检查，发现在这方面他的团队做得很专业，没有太大问题。后来就考虑是不是网络品牌形象有问题，结果一搜寻，果然发现了问题。

图5-12 “中鸿口腔”搜索截图（1）

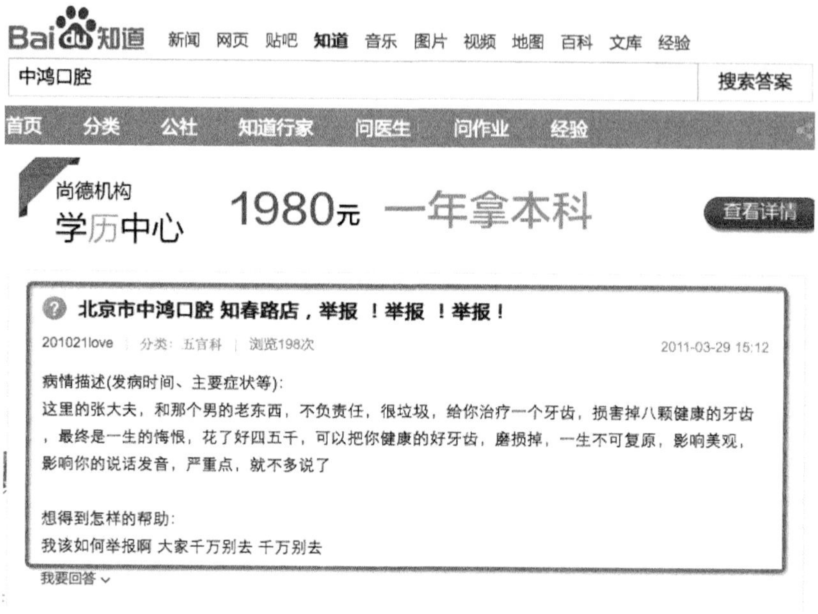

图 5－13 "中鸿口腔"搜索截图（2）

这条信息非常经不起推敲，稍微分析就会知道是竞争对手发布的信息。但是普通患者并不会注意这么多，当他们想要去这家诊所看病，然后上网搜出这条信息之后，对这家诊所的信任度自然大大降低，也就不会再去这家诊所就医。

◎ 如何建设企业网络完美形象

企业网络形象标准

究竟什么样的企业网络形象才是真正好的网络形象呢？我在课堂上问过学员这个问题，学员的回答五花八门。

有人回答搜索企业全是正面夸奖的帖子，这样可以证明企业口碑好；有人回答搜索企业全是推广信息，这样可以证明企业实力足；有人回答全是媒体报道信息，这样证明企业公信力高……

这些答案虽然有一定的道理，但都不是正确答案。一个企业的网络形象不是通过某种单一渠道就可以建立起来的，好的网络形象需要多渠道打造，这样打造出来的形象才更具有说服力，容易被用户信任和接受。

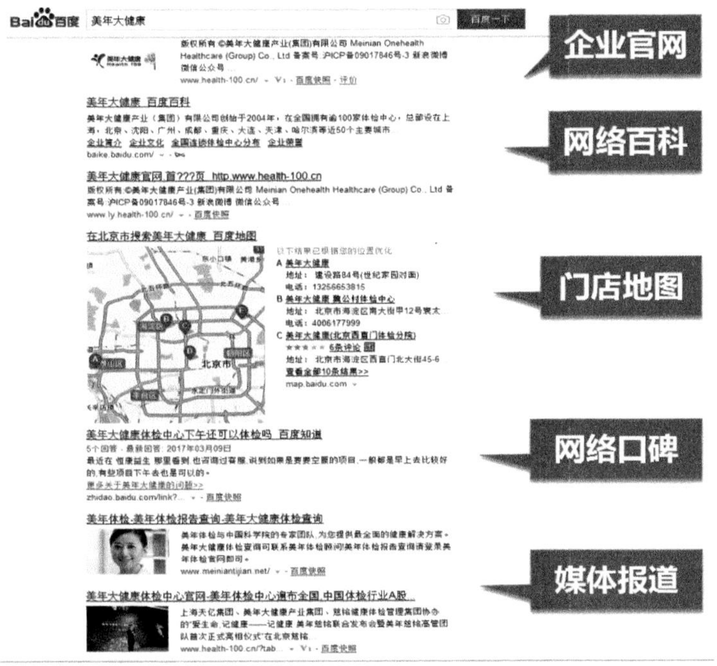

图 5－14 标准企业网络形象

图 5－14 中的“美年大健康”是我的客户，它的网络形象就是我全权负责打造的。从百度搜索客户信息，有企业官网信息、百度百科信息、百度地图信息、网络口碑信息，还有媒体报道信息。这样的企业网络形象才是消费者愿意信任的。

一般来说，百度百科对企业形象的提升能够起到非常好的作用，在大多数人的认知里，只有具备一定规模的公司，才能拥有自己的企业百科。

百度一搜企业信息，首页依次是官网、百科、地图、口碑、媒体报道，都是非常清楚的。只有全都具备这些的才是网络形象非常好的企业。

错误示范：第一页找不到企业信息

在课堂上讲到企业网络形象时，我曾随机在现场挑选过学员，在大家面前展示学员企业的网络形象。

被选中的学员是做母婴家政培训的，我现场通过搜索引擎搜学员企业简称，排名第一的信息是竞争对手的网站，第二条也是竞争对手的网站，第三条还是竞争对手的网站……

直到第七条信息才出现学员企业的网站，并且还不是官网，只是原来做网络推广时在论坛发布的帖子，后面几条和客户企业有关的信息也是如此，整个首页找不到企业的官网。至于媒体宣传、权威报道更是没有，整个企业网络形象非常不好。

面对这样的企业网络形象，如果我是一位客户，第一反应就是企业实力不行，不是一个有实力的大企业。在这个想法的作用下，对企业的信任度也会大大下降，成交的概率也就下降很多。

这位学员的例子不是个例，非常具有普遍性。我做网络营销这么多年，接触过上千家企业，其中绝大多数企业的网络形象都是如此。

虽然这些企业很多都自己在做网络营销，但是在他们眼中，网络营销就是花钱买关键词。在这种思想作用下，企业网络形象自然是一塌糊涂。缺少专业人员的帮助，这些企业在付费推广的关键词选择上也是凭感觉走，导致花钱推广也没有任何效果。

我在课堂上随机挑选学员网站展示网络形象，目的就是说明这个现象是非常普遍的。在课堂上时间有限，所以我没有多展示几家。但是我相信，如果把所有学员的企业网站都展示一遍，90% 以上的企业网络形象都是类似的。

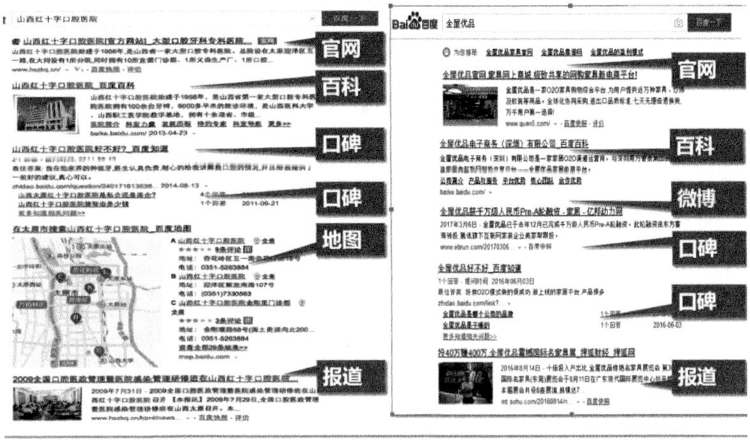

图 5 –15　企业网络形象

◎ 权威媒体塑造企业形象高度

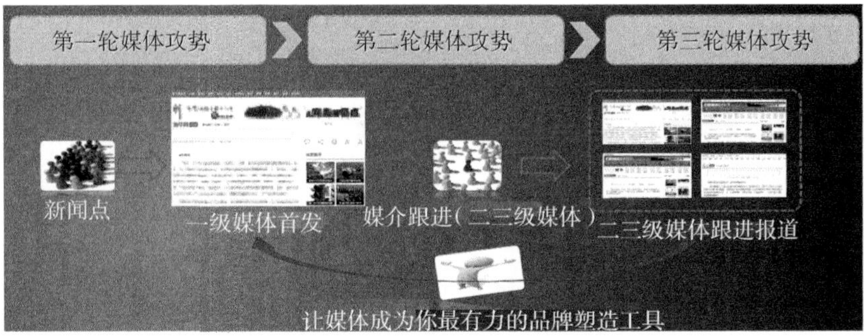

图 5 –16　媒体攻势

权威媒体塑造品牌高度

企业三轮媒体攻势：企业首先要制造一个媒体点，一轮媒体首发，二三轮媒体同时跟进。

所谓的媒体点，就是企业的新闻价值点，每个企业的新闻价值点因其行业性质、企业自身素质而各不相同，但是有一点是共通的，企业的新闻价值点必须和品牌政策、国家政策解读与行业发展解读相结合。

第一点、第二点比较好理解，第三点是因为我们的新闻价值点必须对行业有价值，对别人来说是非常有用的“干货”。

而围绕新闻价值点的，就是三轮媒体攻势，第一轮一定是一级媒体首发，权威媒体的发布能够很好地塑造品牌的高度。而在第二轮、第三轮则是媒介的全面铺开，媒体的网状铺开报道。

5.8 企业网络品牌的四个维度：从主动品牌到被动品牌

◎ 主动品牌、被动品牌和品牌四度

企业在做网络品牌之前，首先要明白品牌的两个层面：主动品牌（占领市场），被动品牌（占领大脑）。

什么是主动品牌

主动品牌是通过推广宣传主动影响消费者，创造消费者需求、影响消费者购买决策，现今企业大多采用主动品牌，通过大量媒体广告宣传影响消费者，希望消费者能够记住自己的品牌，消费者在需求时能够通过品牌联想购买到企业产品。

主动品牌需要投入大量广告宣传费用，有效率不到1%，同时需要相当长一段时间，而且需要不停地投入广告维持品牌知名度。

什么是被动品牌

被动品牌 = 截流（截住真正有需求的消费者，让有需求的消费者找到你）

截谁的流？①截自己的流；②截同行的流；③截行业的流。采用被动品牌，投资少，有效率在95%以上，时间快，效果好。而全网营销为企业打造的就是被动品牌。

品牌四度

企业想要在互联网上打造被动品牌，占领消费者的大脑，需要从四个方面入手，这四个方面简称为品牌四度。

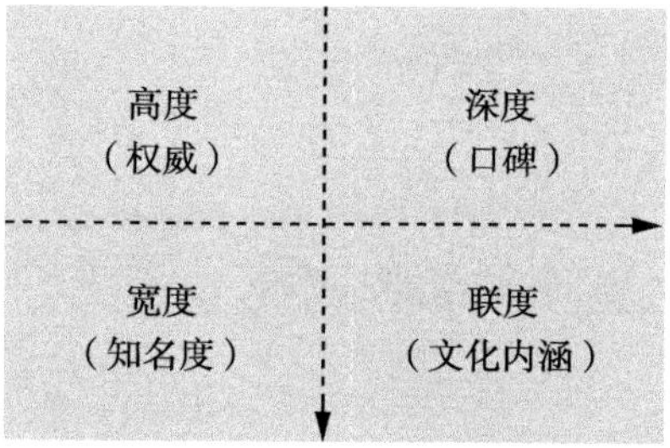

图5－17　品牌四度

◎ 维度1：高度

要有权威的人推广品牌，要有权威的媒体推广品牌。

前段时间有几个朋友从外地来北京办事，我抽出了一天时间准备带他们到处逛逛，然后再去一家比较有名的酒楼吃海鲜，这家酒楼是连锁的，全国各地都有，主打商务宴，人均消费上千元。结果到了吃饭的时候，朋友点名要去庆丰包子铺吃“习大大套餐”，因为2013年习总书记去庆丰包子铺吃了包子，这家连锁包子铺立刻闻名全国，最后我就带着几个朋友去吃了“习大大套餐”。

从这件事情里，我们就可以看到有权威的人推广品牌，对一个品牌的影响有多大。

◎ 维度2：深度

深度是口碑度，口碑主要靠两点：第一点是我们的产品；第二点是专业的团队。

无论是传统企业还是互联网企业，品牌都是企业的灵魂。因此，传统企业在走上全网营销的道路时，必须时刻保持这种意识。只有做到这一点，企业才可以长久地发展下去。

我们用心去观察，在一个成熟的行业市场中，虽然产品的品牌数量众多，但是几个行业巨头品牌牢牢把控了大部分市场。如果这些企业没有“品牌就是企业灵魂”的意识，也就不可能将企业打造成行业巨头。

企业打造品牌的方式有很多种，但都要将产品放在第一位。因为消费者通过产品才会和企业产生联系，如果企业的产品出现问题，无法让消费者满意，那么消费者和企业的联系也就断开了，所以，企业在打造品牌的时候，还要有“产品才是根本”的意识。

不过据我观察，现在有相当一部分企业缺乏“产品才是根本”的意识。因为在互联网刚刚崛起的时代，那些最先进入互联网的企业即使没有好的产品，依然可以做得风生水起，这就让后来进入的企业产生了这样一种思维：互联网就是帮助企业营销宣传的一种手段，只要这方面做得好，就可以打造出优秀企业品牌。在这种错误思想的指导下，这些企业将大部分的资源和精力都放到了营销宣传上，在产品上的投入自然就减少了很多。这样做最后的结果就是，虽然新增客户数量会有一定的增长，但是多数客户都属于一次性客户。这样一来，企业的品牌建设也就无从谈起。

◎ 维度3：宽度

宽度就是知名度，提高宽度可以通过大数据营销的方式来进行。举个最常见的例子，很多人都发现自己在搜索引擎搜某个产品之后，上网到处都能看到这类产品的广告，这就是大数据营销。

通过大数据营销，企业品牌的知名度可以得到快速提升。目前和网富合作的网站数量高达70多万家，只要用户搜索相关的产品，在这70多万家网站上就会推送企业广告。这种推送广告只有点击才收费，价格也要远远低于搜索引擎类似的推广。

◎ 维度4：联度

联度指的是品牌的文化内涵。

品牌文化内涵是指企业在经营过程中和消费者之间共同形成的、与品牌相关的独特信仰。

例如，世界著名奢侈品品牌爱马仕。爱马仕的产品价格都非常昂贵，一个普通的手包最便宜也要几万元。但是消费者就愿意购买，因为提起爱马仕品牌就会联想到高贵和奢侈。这和爱马仕对品牌联度的经营是分不开的。早年爱马仕以给皇室和贵族做高级马具起家，借助这段历史，爱马仕成功地将高贵、奢侈融入品牌文化中。

我们平时经常接触到的例子就是农夫山泉。农夫山泉品牌溢价的产生就是建立在品牌的文化内涵基础上的，只有消费者认可了品牌文化内涵，才愿意接受溢价。

品牌人格化

随着时代的发展和生活水平的提高，如今的消费者对产品的要求已经不再是简单的使用功能，传统企业品牌营销手段对他们已经失去了作用。对于现代消费者来说，喜欢一个品牌的理由是多种多样的，可能是觉得有趣；可能是觉得个性；可能是觉得好玩；可能连自己都不知道理由，就是喜欢。

这时我们就会发现他们对待品牌的选择更像是挑选朋友一样，因此，企业在打造品牌联度时，品牌人格化就是一个非常好的选择。

品牌人格化就是在打造企业品牌的过程中注入人性特征，让消费者对品牌在潜移默化中产生情感，从而促进消费者对品牌价值的认可。

过去，消费者在选择产品时，产品的使用功能和价格是影响选择结果最重要的两种因素。现在，消费者在选择产品时还会考虑使用功能和价格因素，也会受到情感因素的影响。

例如，品牌是他人推荐的，或者品牌是自己喜欢的明星也使用的，这些都会影响消费者的选择结果。而品牌人格化就是让过去冷冰冰的品牌注入情感因素，影响消费者的选择结果。

为了让品牌人格化，企业在打造品牌时，需要让品牌具有人性，有性别、有性格、有自己的价值观，让消费者面对品牌时感觉是一个有温度的伙伴，而不是冷冰冰的品牌。如果品牌能够做到这一点，消费者就愿意接受品牌，并且对品牌产生极高的黏度，成为品牌的忠实粉丝。

◎ 最终目标：将你的品牌精准植入客户大脑

很多企业老板都认为公司名称就是品牌名称，实际上这个想法是不正确的，很多知名企业的品牌名称和公司名称都是分开的。

例如，“滴滴出行”这个品牌名称人人都知道，但是它的公司名称很多人可能都不知道，它的公司名称是“北京小桔科技有限公司”。“1号店”也是非常有名的一个品牌，经常在网上购物的人应该都知道。它的公司名称也和品牌名称不一样，公司名称是“上海益实多电子商务有限公司”。公司名称是否能让人记住并不重要，重要的是品牌名称能让人记住。

如何选择品牌名称

企业建立品牌就是为了能够让消费者记住和传播，所以，在选择品牌名称时，也要从这方面去考虑。这里我给大家几个建议：

1. 品牌名称和常见事物或者消费者耳熟能详的事物有关

例如，“苹果”“小米”“阿里巴巴”“赶集”等，在这些品牌出现以前，品牌名称所代表的事物都是消费者非常熟悉的，有助于消费者记住品牌和品牌的传播。

2. 品牌名称和数字有关

例如，“1号店”“7天”“速8”等，品牌中带有数字，简单易记，同时也易于消费者传播。

3. 根据行业选择和行业相关联的简单词语

消费者听到这个品牌名称再联系行业，马上就会理解品牌的意思。例如，“如家”，像家一样的旅馆；“货拉拉”，用来拉货的叫车平台。

上面三点就是笔者对企业品牌名称选择的建议。从这三点中可以发现，一个优秀的品牌名称有两个关键要素：简单、容易记忆。上面建议的三点虽然每条都不一样，但都是围绕这两点展开的。

我们现在回想下自己知道的有名品牌，就会发现这些品牌名称都是围绕着简单、容易记忆这两个要素展开的。

如何将品牌植入潜在客户大脑

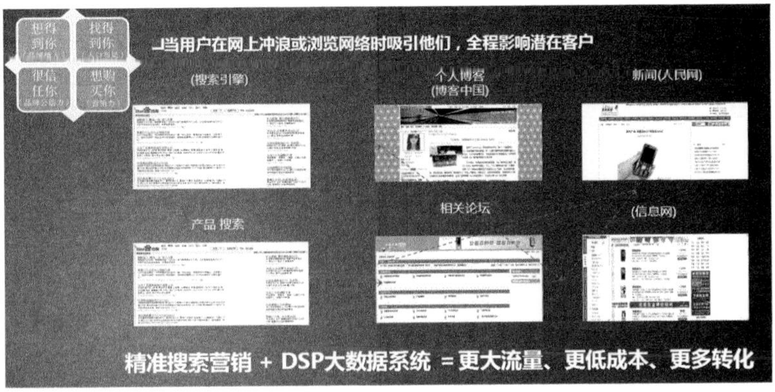

图5－18　全程影响潜在客户

关键就是四个环节：想得到你，找得到你，很信任你，想购买你。实际操作中每个环节都要付出相当大的努力。

◎ 附录：企业网络品牌诊断和评估

网络品牌诊断和评估

品牌名称：________ ________品牌知名度指数：________

搜索形象（百度、360）：______________________________

品牌口碑度：□正面多　□一般　□负面多

品牌权威度：□有权威媒体报道　□一般　□无

品牌关联度：□有品牌关联　□一般　□无

有问题链接：______________________________

____

第 6 章 二销系统：如何让客户二次成交

6.1 最有效的二销系统：微信营销

◎ 250 定律和六度空间理论

让已成交的客户帮助企业营销推广是网络营销的重要组成部分，特别是对于一些快消品行业，客户转介绍是一种重要的开拓客户的方法，因为这种方法具有低成本、高成交率的特点。

世界最伟大的推销员乔·吉拉德提出过一个理论“250 定律”，他认为在每一位客户的背后都有大概 250 名亲朋好友。这就代表着如果企业能够让一位客户帮助自己推广营销，就可以获得 250 个潜在客户，并且客户和这些人之间已经存在信任关系，所以，成交率会远远高于企业的直接推广。

那么企业应该如何才能让客户愿意为自己的品牌或产品进行宣传呢？我在课堂上问过上课的学员，大多数学员采用的方法都是给客户分成，以此来促进客户进行转介绍。

只有模式的核心是不够的，我们需要有一套完整的体系，一个方便企业二销的商城，方便用户传播的平台，还需要有足够的用户资源。这时我们就会发现微信营销就是完美的二销模式。

1967 年，哈佛大学的一位心理学教授斯坦利·米尔格拉姆为了研究人际联系网，做了一次连锁性实验。通过实验，米尔格拉姆教授发现任何两个陌生人之间间隔的人不会超过 6 个，也就是说，我们最多只需要通过 6 个人就可以和任何人产生联系。

这个理论最早被众多社会学家所关注，不过随着时代的快速发展，越来越多的人开始关注这个理论，特别是在互联网大潮到来的今天，人与人之间的交流变得越来越方便，这让我们有机会去认识更多的陌生人，扩大自己的人际关系网。

现在我们从二销系统的角度来看待六度空间理论，就会发现对于企业二销系统来说，这个理论将会起到多么重要的作用。

从理论上看，利用六度空间理论，企业的产品或者品牌可以做到无限传播，但是这需要一个传播的途径或者说是平台，而微信营销这种基于社交平台而产生的商业模式，刚好给六度空间理论提供了充分的发挥空间，所以，企业想要打造二销系统，通过微信营销平台发挥六度空间的作用就成为关键。

◎ 微信营销的关键在哪里

很多企业老板在刚接触二销系统，了解二销系统能给企业带来的好处之后就立即去做，在微信平台上疯狂地加粉丝，希望自己的粉丝越多越好，然后就在朋友圈里刷屏销售产品。但是结果呢？完全没有效果。

为什么没有效果？因为企业老板想要开展二销系统首先要转变思维。

利用微信平台开展二销系统需要经营和消费者之间的关系，将客户转变为品牌的粉丝，然后才能开展销售计划。如果客户没有成为品牌的粉丝，在微信平台上暴力刷屏是没有意义的。

另外，二销系统非常依赖口碑传播。微营销中，想让粉丝帮助企业进行口碑传播，需要企业和客户之间有一定的社交关系才可以做到。因为只有有了社交关系，企业才更容易获得客户的信任，客户也才愿意在社交平台上对企业信息进行口碑传播。

一个真正将二销系统做到极致的企业，即使今后脱离了微商营销平台，仍然会有众多粉丝愿意购买企业的产品，因为企业和粉丝之间有社交基础，和所在的平台没有太大的关系。

当然，这里所说的脱离平台，只是为了说明建立在社交基础的口碑传播的作用，而不是说当企业的二销系统做到一定程度之后就可以脱离平台。因为诸如微信、微博这样的微营销平台拥有巨大的流量，这些流量就是二销系统的主要流量来源。所以，微营销平台是二销系统的根基，企业在寻找流量时就可以从这些平台流量入手。

要做好微信营销，有以下三个关键思维：

关键 1：粉丝思维

微信是如今使用人数最多的社会化媒体，绝大多数企业使用微信营销都是希望获得更多的粉丝，然后通过粉丝实现裂变，实现企业品牌或者产品的推广传播。

在整个模式中，最关键的就是粉丝。如果粉丝是真粉丝，并且足够精准，那么模式就能够开展，反之则不然。所以，企业想要提升微信营销的效果，首先要有粉丝思维。

什么是粉丝思维？粉丝思维首先需要企业重视粉丝，意识到粉丝对微信营销起到的作用。当然，这不是重点，重点是在意识到粉丝重要性的同时，还能意识到粉丝不光要数量，更需要质量。

拥有一定数量的粉丝是开展微信营销的基础，但是只有数量是远远不够的。现在各种加粉途径数不胜数，甚至有人专门卖粉丝。不过这样获得的粉丝是毫无意义的，其中大多数都是僵尸粉，剩下的粉丝也大多不是企业的精准粉丝。凭借这样的粉丝群体，企业的微信营销效果不可能好，只有在精准的前提下获得大量的粉丝，才有助于企业微信营销的开展。

当然，微信营销还需要粉丝对企业的忠诚度，而忠诚度的建设需要时间。在企业的粉丝当中，忠诚度通常呈金字塔形状。顶端的粉丝忠诚度最高，但是数量非常少。底端的粉丝忠诚度较低，但是数量众多。微信营销的主要目的之一就是从金字塔底端的粉丝群进行筛选和培养，逐渐将他们培养成高忠诚度的粉丝，同时吸收新粉丝，扩大金字塔的规模。

关键2：价值思维

获得精准粉丝只是微信营销的第一步，如何让粉丝对企业保持关注，并且愿意传播企业信息才是关键。这就要求企业拥有价值思维。

价值思维就是给粉丝带来价值。做微信营销的企业有很多，每个企业都想获得粉丝，通过粉丝实现裂变。这时企业就要思考一个问题：粉丝凭什么帮助你实现裂变？这就像是企业销售产品，凭什么让客户从众多同类产品中选择你的产品？问题的答案就是价值。

企业的产品能够给客户带来价值，客户就会选择企业的产品。企业能够给粉丝带来价值，粉丝才会愿意帮助企业实现裂变。

关键3：互动思维

与传统营销模式相比，微信营销除了在信息传播上具有明显优势之外，还有一个明显优势就是企业可以直接和粉丝进行互动。

互动可以有效提高粉丝活跃度，增加粉丝对品牌的黏性，同时，互动也是品牌人格化最有效的一种方式。通过互动，粉丝才会发现自己面对的不是冰冷的品牌，因为它会和自己交流，有自己的性格。虽然这些都是品牌背后营销人员塑造的，但对粉丝依然有效果。

互动和粉丝互动的方式有很多种，常见的包括：

（1）有奖互动。奖励活动是调动粉丝活跃度非常好的一种方法。有奖活动的类型很多，可以是有奖调查、有奖竞猜、有奖征集等。

（2）内容互动。内容互动是指企业通过社交平台和粉丝直接进行互动交流，如评论交流、客服交流等。

（3）线下互动。微信营销的互动也可以由线上延伸到线下，如举办粉丝沙龙、新品提前体验等。

6.2 企业做不好微信营销的原因

◎ 原因1：产品本身不过硬

微信营销既是粉丝经济，也是信任经济。企业通过微信营销取得业绩都是基于粉丝对企业品牌的信任背书。如果企业的产品存在小缺陷，或许在传统营销中不会有太大的影响。但是在以信任背书为基础的微信营销当中，产品缺陷带来的影响会随着微信的社交功能不断被放大，严重影响企业的品牌形象。

◎ 原因2：缺乏社交思维，只会盲目发展分销

做微信营销就绕不开粉丝经济。网上流传了这样一句话：没有社交思维，就别玩粉丝经济，而社交思维（粉丝思维 + 互动思维）正是传统企业老板所缺少的。

部分企业在接触微商营销后，立刻开始发展自己的分销商，认为分销商越多，产品的销量也就越好。这里就不得不提微商代表产品面膜了。

面膜曾经是微商的代表性产品，也是最赚钱的产品。然而在2015年，

面膜销售突然开始断崖式下滑。我曾和一个资深从业者聊过这个话题，他告诉我出现这种情况的根本原因是绝大多数面膜产品都没有到达消费者手中，而是经过层层分销，最后大量积压在底层代理的手中，完全销售不出去。这也是为什么有人一度将面膜微商和传销画上等号的原因。

这就像是一个市场有卖牛肉的也有卖羊肉的，羊肉卖的太多了，牛肉自然就卖不动。企业过分鼓励发展分销，结果导致分销商太多，都没有多少消费者了，货到最后自然也就卖不动。

传统企业虽然转型成了电商，但是很多企业的老板思维仍然局限在传统营销思维中，认为营销就是广告宣传。在这种思维下，微信营销的模式就变成加粉丝然后发广告，一部分企业因为没有粉丝还会花钱买粉丝，这样做自然没有效果。

◎ 原因 3：没有专业的运营团队

微信诞生于 2011 年，距现在仅仅 7 年多的时间，但是 7 年多的时间里，微信已经从最初的即时聊天软件变成了移动网络营销最重要的渠道之一。随着移动互联网的发展，微信营销也开始被广大传统企业所关注，成为传统企业转型电商的必做渠道。

然而，虽然多数传统企业转型电商时都会做微信营销，但是很多企业却总是做不好微信营销，继而对微信渠道产生了怀疑，认为企业并不适合。

真的是这样吗？当然不是。微信营销只是移动互联网的一条营销渠道，就如同电商一样，每个企业都可以使用，区别只在于企业会不会使用这条渠道。

多数企业老板都将微商运营划归到电商运营中，认为企业只需要一个总的电商团队就可以搞定一切网上营销工作，但实际上并非如此。

与微信营销相比，电商出现的时间要长得多，早在 20 世纪 90 年代，电商就已经起步。如今的电商巨头们大多是从那个时期开始涉及电商领域的。所以电商发展到今天，行业已经较为成熟，相关的人才非常多。

反观微信营销，移动互联网也只是近几年才开始井喷式发展，基于移动互联网的微信营销自然也只有短短三四年的历史，多数企业听到微信营销就是最近一两年的事情。因此，微信营销的专业人才非常少。

这就导致很多企业都忽视了微信营销也需要专业运营团队的事实，让电商团队同时负责微信运营。

微信营销是基于移动互联网的新型营销模式，与传统电商营销相比，无论是销售模式、传播途径还是用户习惯都有明显的区别。所以如果用电商的思维做微商，注定会失败。

上面提到的三个原因就是很多传统企业做不好微信营销的关键所在。不过我也提到了，微信营销出现的时间还较短，这就意味着未来营销模式有什么变化还很难预测。企业只有随着环境的变化及时做出改变，才能真正做好微信营销。否则在如今这个变化日新月异的时代，企业今天做得风生水起，明天就变成落花流水的情况很容易出现。

6.3 聚焦二销：如何让客户拼命转介绍赚钱

◎ 提供惊喜：有惊喜才有转介绍的欲望

二销系统需要的是社交，而不是传统营销中轰炸式的宣传，所以微营销平台成为企业二销系统的主要平台。

虽然微营销平台本身具有强大的社交功能，但是平台只是工具，具体如何实现目的，还需要企业去思考。所以，如何同消费者建立良好的关系，将其转变为品牌的粉丝，让消费者自愿对企业的产品或者品牌进行推广传播，成为企业开展二销系统的关键问题。

既然是关键问题，那么企业想要做好二销系统，就必须找到这个问题的答案。消费者不会无缘无故地就对一个品牌产生信任，也不会没有原因就替企业进行宣传，消费者愿意这么做的动力就是问题的答案。

前面提到过，消费者和企业是通过产品才产生联系的，产品也是企业品牌的根本，因此，问题的答案也先要从产品上入手。

消费者在购买一件商品时，都会对商品有一个预期。例如，消费者购买一个水杯，他对水杯的预期就是可以用来喝水。如果水杯买回来是漏的，无法喝水，这就低于预期，消费者就会对产品感到不满。如果水杯买回来不但可以喝水，在不小心从高处摔落一次后，消费者惊奇地发现水杯居然没有一点损坏，这就高于预期，消费者对产品的态度就是“哇”。此时消费者就可能将这个水杯推荐给其他人。

因此，企业想给消费者传播的动力，首先要让自己的产品高于消费者的预期。例如，从产品质量上高于预期，或者在质量上无法突破，可以在外形、个性化、有趣等方面突破。让消费者对产品喊出“哇”，产生愉快的感觉，这种愉快的感觉就是消费者资源传播的动力之一。

◎ 满足虚荣：虚荣心是自愿转发的有力助攻

一位经济学家曾说：“当一个人的基本生活需求得到满足之后，总想要获得更多物品，这并不是为了物品本身的使用价值，而是为了炫耀和攀比。”

可能有的人并不认可这种观点，因为在他们看来，虚荣心是一个贬义词，自己才不会有，不过很多时候只是他们自己没有察觉。

如果我们仔细分析像微信、微博等社交平台的发展，就会发现满足用户虚荣心已经成为其快速发展的重要原因之一。因为相当一部分用户在社交平台上发布动态都是为了获得他人的关注或者评论，关注评论的人越多，发布者的虚荣心就越得到满足。

所以，让消费者自愿去传播企业的产品，第二个方法就是让产品可以满足消费者的虚荣心。一旦做到这一点，消费者自然会在各个社交平台去传播产品信息。

那么如何让企业产品满足消费者的虚荣心呢？答案就是将产品打造成

行业中的“奢侈品”。

为什么会出现奢侈品呢？因为不同的人所掌握的财富是不一样的，有人掌握的财富多，有人掌握的财富少。而掌握更多财富的人想要将自己的优势地位展示出来，就会专门购买那些价格昂贵、难以获得、不是每个人都拥有的产品，这些产品就是奢侈品。

可能有的企业会说，我的产品就是非常普通的产品，怎么可能打造成奢侈品？其实任何一种产品都可以打造成行业里的奢侈品，无论这种产品是否普通。

例如，矿泉水中的依云，这就是普通消费者最熟知的“奢侈品”矿泉水。矿泉水就是一种非常常见的商品，并且即使是依云，一瓶售价也不过二三十元，但是它就非常成功地将自己的产品打造成水中的奢侈品，让消费者将产品看作高端的象征。

当然，并不是说比同类产品价格昂贵就可以成为奢侈品，实际上和依云矿泉水价格差不多，或者比它价格还要高的同类产品还有很多，但是都没有依云在中国市场的知名度，这是品牌建设营销的结果，同时，也是消费者自愿传播取得的效果。

◎ 利益诱惑：提供利益赋予最强动力

现在我们经常看到这样的活动：只要在朋友圈中集齐多少个赞，在商家消费就可以打折，或者进行转发就可以获得优惠、获得抽奖机会等，这些活动其实都是通过利益来驱动消费者进行产品推荐。如果消费者对商家的产品确实有需求时，多数人都愿意参与这种活动，因为转发信息只是举手之劳，并且还可以获得利益，消费者自然愿意。

如今这种以利益作为驱动力的推荐方式已经非常常见，企业可以根据自身情况选择适合的方案，促进消费者对产品的推荐。不过，在使用这种方法时，企业需要特别注意一点，就是必须兑现自己的承诺，如果消费者在按企业要求对产品进行推荐之后，企业却没有兑现自己的承诺，将会大大影响企业的品牌形象。

虽然这种活动所涉及的利益通常不大，但是消费者对于企业的欺骗行为是非常反感的，所以一旦出现这种情况，消费者很可能出于对企业的反感进行负面传播，严重影响企业的品牌形象。

佣金模式不可持续发展

采用佣金的方式来促进用户转介绍是比较流行的一种方式，但却不是一种可持续的方式。企业在采用这种方法时，要避免纯粹的佣金驱动。为什么呢？这就需要我们进行角色转化，站在客户的角度来看待。

假如我现在是客户，花 2000 元购买了一家企业的产品，然后这家企业让我替它向周围的朋友宣传产品，每卖出去一件产品给我提成 500 元，我是不会去推荐的。因为如果我推荐给朋友，卖出去了 20000 元的产品，而我自己拿了 5000 元的提成，这其实是在用周围人对我的信任去赚钱，我内心也会对朋友产生一种负罪感，感觉是在出卖朋友。而如果我再对朋友说，你帮我向周围的朋友推荐产品，我也给你提成，这时我和朋友之间的信任关系就会因此降低。所以，这种方式并不是一种可持续的方式。

不过，并不是说所有采用佣金模式的推荐方法都不可以使用，如果企业能够做到让参与的三方都满意，佣金模式也是可以持续的，这点后面将会讲到。

还有一种利益驱动模式现在也比较流行，就是三级分销模式，在我的学员中有不少就是采用的这种模式。但是根据我对多家企业的调查研究发现，现在做三级分销的企业大都不怎么赚钱。这是因为三级分销只适合小部分企业，而不适合所有企业。

企业想要做三级分销，首先，产品的适用人群要非常广。只有使用人群足够广，三级分销模式才能展开。其次，产品的毛利要足够高。通常三级分销的第一级要分 20% 多，第二级要分走 15% 左右，第三级要分出去 8% 左右。这样算下来，三级分出去的利润加起来接近 50% 。所以，只有毛利足够高的产品才能做三级分销。最后，重复购买频率要高。

产品只有同时满足上面三个条件，企业做三级分销才能取得效果。如果其中任意一个条件满足不了，那么企业就很难通过三级分销模式盈利。

例如，曾经三级分销最为流行的面膜产品，首先，它的适用人群非常广，只要想用，每个人都可以使用。其次，面膜的毛利非常高。一张面膜成本可能只有几毛钱，但是最终到用户手上，价格就会翻数十倍。最后，面膜重复购买频率也非常高。面膜属于一次性产品，用完一张就直接扔掉，再用就需要购买。也正是因为这个原因，面膜才能成为三级分销的代表产品。

◎ 工具设计：让二销系统永动循环

提高消费者对产品的满意度，让产品满足消费者的虚荣心，用利益驱动消费者，这三种方法都可以促进消费者对产品进行推荐，但是却无法保证推荐的效果。

虽然消费者在推荐产品时，首先会推荐和自己有一定信任关系的人，但是除非是信任关系较强的人，多数人听到推荐的第一反应可能就是：这个人一定和商家有利益关系才会给我推荐产品。一旦产生这种想法，双方之间的信任关系就会下降很多，并且还有可能产生“我为什么要帮助他赚钱”的想法。这也是在利益驱动方法中，我强调不要使用纯粹佣金模式的一个重要原因。

所以，让消费者推荐产品只是二销系统的一部分，另一部分则是让被推荐人接受产品，产生成交。这就要求企业善于使用推荐工具。

什么是推荐工具呢？我先讲一个案例。

我有一个客户是做儿童早教产品的，做得非常大，现在年销售额在十几个亿。这个客户不是单独销售产品，他们的产品是按年订购服务。用户订购服务之后，每个月都会收到一个礼盒，礼盒里有儿童读物、玩具、光碟动画等产品。这个礼盒价格在100多元，订购一年是1500元左右。

有小孩的人都知道，孩子最喜欢和同龄人聚在一起玩，像玩具、动画片、儿童读物等在小孩子之间传播很快，所以这个客户就非常注重转介绍。

最初，客户采取的方式是最常见的佣金驱动的方式，用户转介绍其他人订购一年1500元的产品，就可以获得300元的提成。但是这种方法使用了好几年，效果一直都不明显，客户的主要业绩还是来自新成交用户和续订用户。

最后这个客户就找到了网富，让我给他重新进行设计。我在了解具体情况后，就给客户重新设计了一套方案，促进用户进行转介绍。

我的方案是：如果订购产品的用户是他人介绍的，那么用户订购一年产品的价格还是1500元，但是可以获得一个价值300元的大礼包。大礼包里面也都是小孩子需要用的东西。对介绍人不再有提成，这就让转介绍过程不含有利益关系，但是介绍人也可以获得一个300元的大礼包。这就形成了一个三方共赢的局面：

订购用户因为介绍人的关系免费获得一个300元的大礼包，而整个过程中没有牵扯到利益关系，所以订购用户自然会感谢介绍人。介绍人虽然没有提成，但是可以获得300元的大礼包，介绍人自然也十分高兴，并且不会像获得提成时那样可能会对朋友产生愧疚感，感觉是在欺骗朋友。而我的客户也很满意，因为市价300元的大礼包成本大概在150元，每转介绍成交一个用户，他需要送出两个大礼包，成本也就是300元，这和原来给提成的成本一样，但是效果却有很大的不同。

在采用这种方式之后，客户现在转介绍的成交比例已经占到总业绩的60%，也就是每年有几个亿的业绩都是靠转介绍成交的。

在案例中，我的客户最早使用的是纯佣金驱动模式，所以没有效果。除了佣金模式本身的局限性之外，还有一个重要原因就是模式对被推荐者没有任何好处，所以被推荐者的购买意愿非常低。

而经过网富的设计之后，虽然企业付出的成本没有改变，但是成本由只给推荐者300元提成变成了两个大礼包，这两个大礼包就是推荐的工具。

推荐者可以获得大礼包避免了纯佣金模式的弊端，而被推荐者获得大礼包就有了接受推荐的动力，模式才能够展开。

所以，企业在开展二销系统时，还要找到恰当的推荐工具，才能取得预期的效果。

参与的三方都能够满意

从上面这个案例中，我们还可以得出成功二销模式的核心就是让参与的三方：企业、转介绍人、购买人都能够满意，只有满足这一点，方式才是可持续发展的。

我们继续站在客户的角度来看待这件事情：

我用2000元购买了一家企业的产品，企业让我帮忙推荐产品。不过企业的产品原价是2000元，如果朋友通过我来购买，花1750元就可以买到，企业还会拿出250元奖励我。这时如果朋友通过我购买了原价20000元的产品，实际只需要花17500元，而我也可以获得2500元的奖励，这就成了一件皆大欢喜的事情。

朋友通过我购买产品获得了优惠，我从企业那里获得了奖励，而企业同样花出去5000元推荐成本卖出去20000元的产品，推荐人和购买人还都非常高兴，这就是一件三方共赢的事情。

所以，只有这种方式才能做到可持续发展。